신문이 보이고 뉴스가 들리는 **21**

재미있는

세계사 이야기 1

신문이 보이고 뉴스가 들리는 ㉑
재미있는 **세계사 이야기 1**

개정판 1쇄 발행 | 2014년 5월 28일
개정판 7쇄 발행 | 2021년 2월 15일

지 은 이 | 남동현
그 린 이 | 서용남
감   수 | 서울대학교 뿌리깊은 역사나무

펴 낸 곳 | (주)가나문화콘텐츠
펴 낸 이 | 김남전
편 집 장 | 유다형
편   집 | 이보라
외 주 편 집 | 오경자
디 자 인 | 정란
외주 디자인 | 김경미
마 케 팅 | 정상원 한웅 정용민 김건우
관   리 | 임종열 김하은

출 판 등 록 | 2002년 2월 15일 제10-2308호
주   소 | 경기도 고양시 덕양구 호원길 3-2
전   화 | 02-717-5494(편집부) 02-332-7755(관리부)
팩   스 | 02-324-9944
홈 페 이 지 | www.ganapub.com
이 메 일 | ganapub@naver.com

ISBN 978-89-5736-667-7 (74900)

*책값은 뒤표지에 표시되어 있습니다.
*이 책의 내용을 재사용하려면 반드시 (주)가나문화콘텐츠의 동의를 얻어야 합니다.
*잘못된 책은 구입하신 서점에서 바꾸어 드립니다.

*'가나출판사'는 (주)가나문화콘텐츠의 출판 브랜드입니다.

「이 도서의 국립중앙도서관 출판시도서목록(CIP)은 서지정보유통지원시스템 홈페이지(http://seoji.nl.go.kr)와
국가자료공동목록시스템(http://www.nl.go.kr/kolisnet)에서 이용하실 수 있습니다.(CIP제어번호: CIP2014009764)」

• 제조자명 : (주)가나문화콘텐츠
• 주소 및 전화번호 : 경기도 고양시 덕양구 호원길 3-2 / 02-717-5494
• 인쇄일 : 2021년 2월 8일
• 제조국명 : 대한민국
• 사용연령 : 4세 이상 어린이 제품

신문이 보이고 뉴스가 들리는 21
재미있는 세계사 이야기 1

글 남동현 | 그림 서용남
감수 서울대학교 뿌리깊은 역사나무

가나출판사

| 머리말 |

가까워지는
　　　지구마을 친구들과 친해지기

　요즘은 주변에서 다른 나라 사람인 외국인을 자주 볼 수 있어요. 외국인 노동자, 우리나라 사람과 결혼한 외국인 여성들이 점점 늘고 있으니까요. 그런데 외국인들은 우리나라에 사는 것이 몹시 힘들다고 해요. 우리나라 사람들이 피부와 겉모습이 다른 이들에 대해 무시하거나 거부감을 나타내기 때문이에요. 심지어는 우리나라 사람과 외국인이 결혼해 이루어진 다문화 가정의 친구들을 '왕따'시켜 사회 문제가 되기도 하지요.

　앞으로 여러분 가운데 온전히 우리나라에서만 사는 사람이 몇 명이나 될까요? 여러분이 살아가는 2000년대는 전 세계가 하나인 세계화 시대예요. 그래서 여러분 가운데 많은 어린이가 외국어를 배우고 공부를 하기 위해 해외로 나갈 거예요. 또한 어른이 되면 외국에서 직장 생활을 하거나 외국에서 아예 살기도 하겠지요.

　그러면 이런 세계화 시대에 다른 나라 친구와 잘 지내는 방법으로는 무엇이 있을까요? 그것은 다른 나라 친구에 대해 잘 아는 것이겠지요. 다른 나라 친구를 잘 알려면 그들의 역사와 문화 등을 살펴볼 수 있는 '세계의 역사'를 아는 것이 무엇보다 중요해요.

　세계의 역사란 세계 여러 민족이 지닌 문화유산을 이해하는 것이에요. 역사는 사라지는 것이 아니라 오늘을 사는 우리에게 끊임없이 영향을 미치며, 살아 움직인답니

다. 또한 오늘의 일도 그대로 사라지는 것이 아니라 새로운 내일을 만들어 내지요. 그러므로 세계 역사를 아는 것은 현실을 올바로 판단하여 앞으로 나아갈 방향을 찾을 수 있다는 것이에요.

  이 책을 읽으면서 여러분이 세계에 대하여 흥미와 관심을 갖게 되고, 다른 나라가 친근한 느낌으로 다가온다면 좋겠어요. 그래서 우리 이웃에 사는 외국인과 자연스레 어울릴 수 있으면 더욱 기쁘겠지요. 또한 이 책을 통해 여러분이 역사를 좋아하게 되고, 역사가 세계의 모든 사람들이 더불어 사는 것이며, 평화와 화합으로 함께하는 아름다운 것이라고 생각할 수 있기를 바라요.

  이 책은 세계 역사의 주요 흐름을 살피면서 세계 여러 지역에 대해 골고루 관심을 가질 수 있도록 했어요. 특히 어린이들의 이해를 도우려고 좀 더 쉬운 우리말로 담고자 했답니다. 좁은 지면에 많은 이야기를 담은 듯하여 걱정이 되지만, 여러분이 세계사를 즐겁게 이해하면 정말 좋겠어요.

세계사 이야기 친구, 샛별중학교 교장
남동현

| 추천의 글 |

알고 보면
매우 가까운 세계사 이야기

텔레비전이나 신문, 인터넷에서는 항상 다른 나라의 소식들이 들려옵니다. 우리 이야기도 아닌데 왜 이런 것을 알아야 하나 생각이 들기도 하지요. 그러나 우리는 지금 전 세계가 한 마을처럼 서로 교류하고 소통하는 지구촌 시대에 살고 있어요. 다른 나라에서 벌어지는 일들이 우리 사회에 영향을 주고, 또 우리나라에서 벌어지는 일들이 다른 나라에 영향을 미치는 그런 시대인 것이에요. 그래서 다른 나라에 대해 관심을 갖는 것은 우리에 대해 이해하는 것만큼 중요한 문제랍니다.

어떻게 하면 다른 나라에 사는 사람들의 생각과 문화를 알 수 있을까요? '그들이 어떻게 해서 우리와 다른 문화를 가지게 되었을까?', '왜, 그들은 그와 같이 생각하게 되었을까?'를 곰곰이 따져봐야 합니다. 이때 그들이 살아온 발자취, 곧 그들의 역사를 알게 되면 이와 같은 궁금증을 해결할 수 있어요. 그들의 역사가 바로 세계사랍니다. 세계사를 살펴보면서 우리는 여러 나라가 어떻게 지금의 모습을 이루게 되었는지 알 수 있고, 오늘날 세계 각지에서 일어나는 사건들이 왜 일어나는지 이해할 수 있어요.

세계사는 단순히 여러 나라의 역사만을 의미하는 것은 아니에요. 세계사는 말 그대로 세계의 역사를 의미하고, 세계를 만들어 나간 인류의 역사를 의미해요. 따라서 우리는 인류의 역사를 돌아보면서 과거 사람들이 겪었던 어려움과 고민들에 대해 생각

해 볼 수 있고, 그들의 문제 해결 방법을 살펴보면서 우리가 지금 당면한 어려운 문제들을 해결할 수 있는 길을 찾을 수 있지요. 그리고 세계의 역사 속에서 우리나라의 역사를 바라봄으로써 우리 역사를 보다 깊게 이해할 수 있어요.

〈신문이 보이고 뉴스가 들리는 재미있는 세계사 이야기 1·2〉는 세계 곳곳의 사람들이 어떻게 삶을 꾸려왔는지 이야기를 담고 있습니다. 고대 세계의 화려한 문명이 어떻게 만들어지고, 거대한 제국들이 어떻게 생겨났는지, 유럽 사회에서 종교가 어떤 역할을 했고, 지금 우리가 당연하게 여기는 민주주의 사회는 어떻게 등장하게 되었는지, 냉전 시대는 어떤 시대인지 등. 어린이 여러분이 궁금할 만한 이야기와 우리 사회를 이해하는 데 보다 도움이 되는 내용으로 알차게 구성되어 있어요. 인류가 처음 등장한 때부터 지금까지의 역사를 쉽게 풀어내서 들려주는 이야기를 따라가다 보면, 어느새 여러분은 어렵고 복잡하다고 느꼈던 세계사를 친근하게 여기게 될 것입니다.

이 책을 통해 많은 어린이가 세계사를 올바로 이해하는 것은 물론 이를 바탕으로 자기 삶에 주도적이면서 성숙한 시민으로 성장해 나가기를 바랍니다.

서울대학교 뿌리깊은 역사나무
김태웅 교수

| 차례 |

머리말 · 4
추천의 글 · 6

인류의 출현과 문명 · 12

옛날 사람들은 어떻게 살았을까? · 14
메소포타미아 지역에서 최초의 문명이 일어나다 · 18
태양신의 아들, 파라오가 나라를 다스리다 · 22
인더스 강에서 인도의 문명이 시작되다 · 26
황허 강 유역에서 중국이 시작되다 · 30
에게 해에서 문명이 싹트다 · 34
특집 | 인류의 역사를 문자로 기록하다 · 36

고대 아시아 세계 · 38

세계 최초의 제국, 페르시아가 등장하다 · 40
인도에 통일 왕조가 등장하다 · 44
혼란의 시대, 그러나 중국의 사회가 발전하다 · 48
진 시황제가 최초로 중국을 통일하다 · 52
중국 고전 문화의 기틀을 마련하다 · 56
특집 | 중국 문화의 기틀을 이룬 한나라 · 60

고대 그리스와 로마 · 62

작은 도시 국가들이 모여 고대 그리스를 이루다 · 64
폴리스에서 민주 정치가 발전하다 · 66
고대 그리스 문화가 서양 문화의 뿌리가 되다 · 70
알렉산드로스가 동서 세계를 융합하다 · 74
로마, 도시에서 제국으로 발전하다 · 78
크리스트교와 로마 제국이 만나다 · 82
모든 길은 로마로, 로마에서는 로마법을! · 86

아시아 세계의 발전 · 90

굽타 왕조, 인도 고전 문화의 황금기를 이루다 · 92
힌두교의 나라에 이슬람 왕조가 들어서다 · 96
수나라가 다시 중국을 통일하다 · 100
당나라, 동아시아의 최강국이 되다 · 104
동남아시아에 나라들이 들어서다 · 108
일본, 천황이 다스리는 나라가 되다 · 112
무사들이 일본을 지배하다 · 116
송나라, 이민족에게 무릎을 꿇다 · 120
몽골 족이 몽골 고원에서 동유럽까지 차지하다 · 124

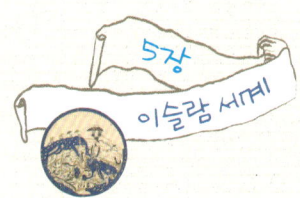

이슬람 세계 · 128

무함마드, 이슬람교를 세우다 · 130
칼리프가 제국을 지배하다 · 134
쿠란을 바탕으로 문화가 형성되다 · 138
새로운 이슬람 세력이 등장하다 · 142

중세 유럽 세계 · 146

새로운 유럽 세계가 등장하다 · 148
비잔티움 제국이 로마 제국을 계승하다 · 152
노르만 족과 슬라브 족이 이동하다 · 156
중세 유럽 사람들은 어떻게 살았을까? · 158
교황은 해, 황제는 달이었다 · 162
십자군 전쟁은 왜 일어났을까? · 166
중세 유럽 사회가 무너지다 · 170
잔다르크, 백년 전쟁을 끝내다 · 174

사진 출처 · 178
찾아보기 · 179

1장

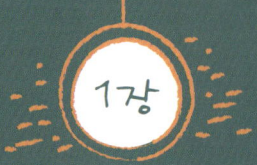

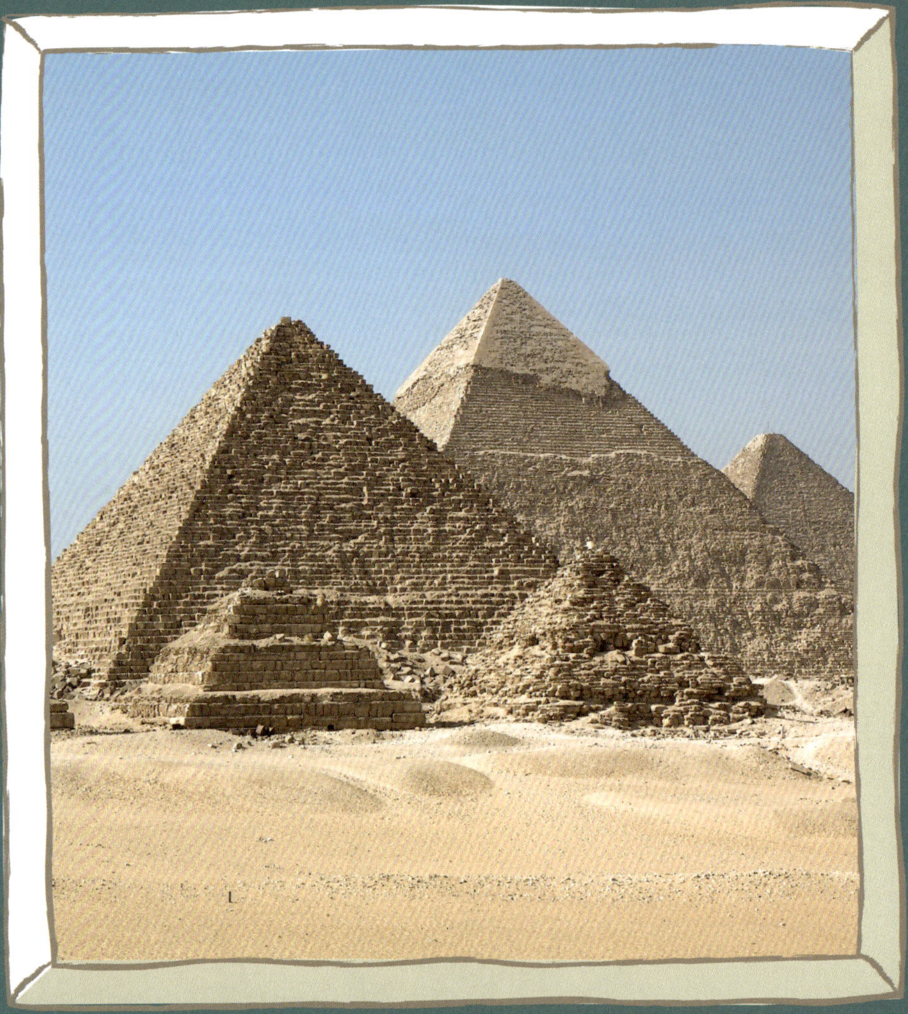

400만 년 전
최초의 인류 등장

4~5만 년 전
현생 인류 출현

기원전 3500년
메소포타미아와 이집트 문명 발생

기원전 2500년
중국과 인도 문명 발생

인류의 출현과 문명

약 400만 년 전에 처음으로 지구상에 나타난 인류는 진화를 거듭하면서
오늘날의 인류로 발전했어요. 인류의 생활은 농사를 짓기 시작하면서 빠르게 변했지요.
농사를 짓기 시작하면서 많은 사람들이 모여 들어 마을을 이루었고,
마을은 도시로 커졌어요. 사람들은 문자를 만들어 기록을 하고 문명을 발전시켰답니다.
자, 이제 재미있는 역사 여행을 시작해 볼까요?

기원전 1894년경
바빌로니아 왕국 번영

기원전 1600년경
중국, 상나라 등장

기원전 1500년경
아리아 인의 인도 침입

기원전 1100년경
중국, 주나라 건국

1장 인류의 출현과 문명

옛날 사람들은 어떻게 살았을까?

구석기 시대 사람들은 어떻게 살았을까?

지금으로부터 약 400만 년 전쯤에 아프리카 초원에서 최초의 인류가 나타났어요. '남쪽 지방 원숭이'라는 의미의 '오스트랄로피테쿠스'였어요. 이들의 겉모습은 원숭이와 크게 다르지 않았지만 두 발로 서서 걸었어요. 그리고 나무, 짐승의 뼈, 돌로 간단한 도구도 만들어 사용했지요. 오스트랄로피테쿠스는 나무의 열매나 뿌리, 알곡을 모아 먹었어요.

최초의 인류가 등장한 이후 만 년 전까지를 '구석기 시대'라고 해요. 인류의 삶에서 이 시대가 가장 긴 시기랍니다.

인류는 약 180만 년 전에 아프리카에서 유럽과 아시아 대륙으로 삶의 터전을 넓히면서 진화했어요. 이들은 똑바로 서서 걷고, 돌을 깨뜨리거나 큰 돌에서 조각을 떼어 내어 도구로 사용했어요. 이것을 뗀석기라고 해요.

오스트랄로피테쿠스 상상도

떼석기

　사람들은 사냥한 동물의 가죽으로 옷을 만들어 입기도 했어요. 또 불을 피워 추위나 다른 동물들의 공격을 막았고, 동굴이나 바위 그늘에서 무리를 이루어 생활했지요.

　오늘날의 인류와 비슷하게 생긴 인류가 약 10만 년 전에 등장했어요. 이들은 이전의 인류보다 지혜롭고 두뇌의 용량도 컸어요. 그리고 사람이 죽으면 시체를 묻기도 했는데, 그들이 살았던 유적에 그 흔적이 남아 있어요.

　약 4~5만 년 전에 드디어 인류의 직접적인 조상이 나타났어요. 이들을 현생 인류라고 하는데, 모습과 지능이 오늘날의 우리와 아주 비슷했어요. 이들은 이전보다 더 좋은 도구를 만들어 사용했어요. 또 잠시 머물 수 있는 간단한 집을 지어 생활했지요.

알타미라 동굴 벽화

빌렌도르프의 여인상

그리고 동굴 벽에 소나 말 같은 동물을 그려 사냥을 잘할 수 있도록 빌었으며, 아기를 가진 임신부의 모습을 벽에 그리거나 조각으로 만들어 아이가 많이 태어나기를 빌기도 했지요. 에스파냐의 알타미라 동굴 벽화와 프랑스의 라스코 동굴 벽화가 이때의 것으로 유명해요.

신석기 시대 사람들은 어떻게 살았을까?

인류가 진화하면서 도구를 만드는 방법도 점차 발달했어요. 약 1만 년 전부터 인류는 돌을 갈아서 만든 간석기를 사용했어요. 이전 시대와 다른 새로운 도구가 만들어졌다는 의미에서 이때를 '신석기 시대'라고 하지요.

신석기 시대에 사람들은 농사를 짓기 시작했어요. 곡식을 재배하면서 이제는 먹을 것을 찾아서 떠돌아다니지 않아도 되었지요. 그래서 땅을

신석기 시대 사람들의 생활(모형도)

파고 기둥을 세워 생활할 수 있는 공간을 둔 집을 짓고 한곳에 머물러 살았어요. 짐승을 사냥하기도 했지만 양, 소, 돼지 같은 동물들을 잡아다가 집에서 기르기 시작했지요.

또 신석기 시대 사람들은 식물의 줄기에서 실을 뽑아 옷을 짜 입었으며, 흙으로 아름답고 다양한 모양의 토기를 빚어 곡식을 저장하고 음식을 끓여 먹는 데 이용했어요. 이처럼 많은 시간이 흐르면서 인류의 생활은 점차 발전해 갔지요.

신석기 시대 갈아서 만든 도구들

1장 인류의 출현과 문명 17

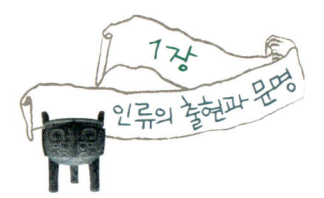

메소포타미아 지역에서 최초의 문명이 일어나다

원시 사회에서 문명 사회로 발전하다

먹거리가 풍부해지면서 사람들은 핏줄을 중심으로 조그마한 마을을 이루었어요. 점차 마을의 규모는 커지고 인구도 빠르게 늘어났지요. 마을은 도시로 발전하였고, 이 도시를 바탕으로 문명이 일어났답니다.

문명이란 자연에 의존하여 살아가는 원시적인 상태가 아니라 물질적, 기술적으로 큰 발전을 이룬 상태를 말해요.

세계 최초로 문명이 일어난 지역은 오늘날의 이라크를 중심으로 한 메소포타미아 지역이었어요. 메소포타미아란 '두 강 사이'라는 뜻인데, 두 강은 티그리스 강과 유프라테스 강을 말해요. 두 강 사이에는 농사짓기 좋은 지역이 있어 이곳을 '비옥한 초승달 지대'라고 했지요.

기원전 3500년쯤에 수메르 인이 이 지역에 여러 도시를 세워 인류 최초로 도시 문명을 일구었어요.

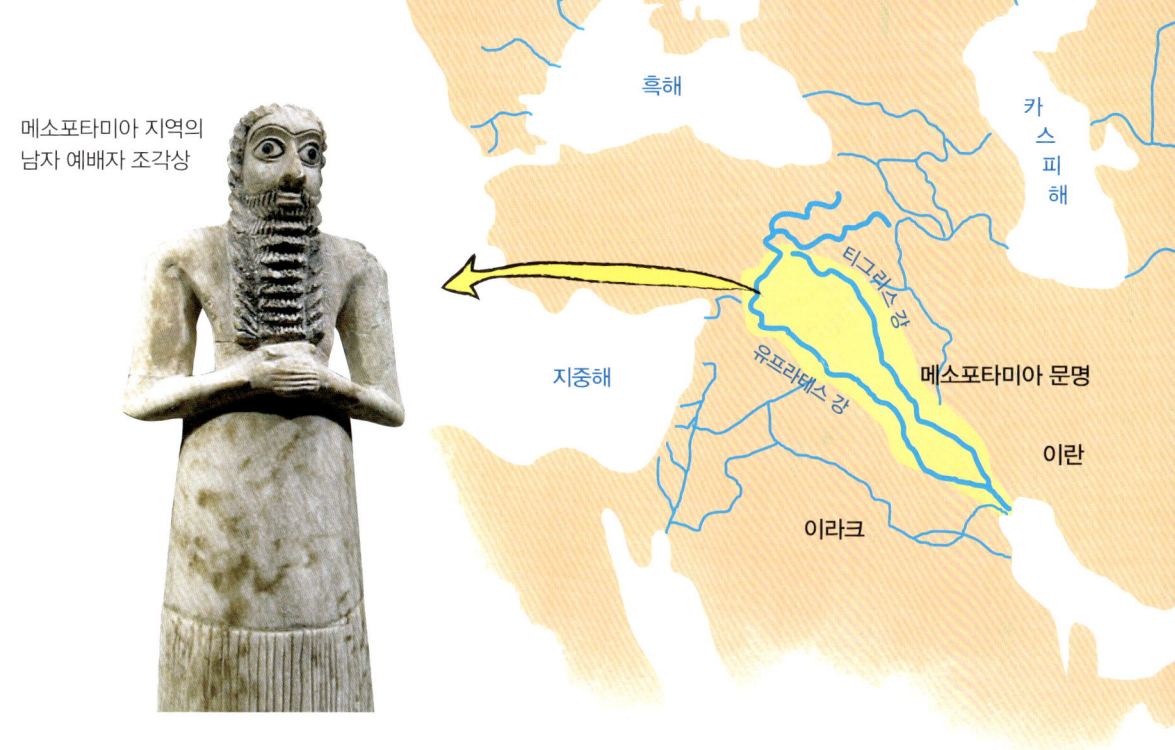

메소포타미아 지역의 남자 예배자 조각상

수메르 인이 문명의 주인공이 되다

수메르는 왕이 다스렸는데, 왕은 자신이 신을 대신해 나라를 다스린다고 생각했어요. 왕 밑에는 관리와 군대가 있었으며, 농민과 노예는 노동력을 제공하고 여러 가지 물건으로 나라에 세금을 냈어요.

수메르는 농업이 발달하고, 수레와 배를 사용해 상공업이 발달했어요. 수메르 사람들은 달이 지구를 한 바퀴 도는 시간을 기준으로 한 태음력과 60을 한 단위로 한 60진법을 사용했지요. 진흙으로 만든 판에 갈대로 만든 뾰족한 펜을 이용해 기록도 했어요. 이것을 쐐기 문자라고 해요.

도시 국가에서는 저마다 섬기는 수호신이 있었는데, 도시 주변에 성벽을 쌓고 그 가운데에 '지구라트'라는 신전을 세워 수호신을 섬겼어요. 신에게 제사를 지내는 신관들은 천체를 관측하고, 신의 뜻과 인간의 운명을 점쳤어요.

함무라비 왕이 법전을 만들다

메소포타미아 지역은 너른 평야 지역이라는 지형적인 특색 때문에 주변 지역과 활발하게 교류했어요. 하지만 주변 민족들의 침입이 잦아 지배자가 자주 바뀌기도 했지요.

기원전 1830년쯤에 아무루 인이 이 지역에 바빌로니아 왕국을 세웠어요. 바빌로니아 왕국의 함무라비 왕은 기원전 1700년대에 수도 바빌론을 중심으로 메소포타미아 지역을 통일했어요. 그는 정복한 지역에 총독을 파견하고, 이전에 있던 법전을 모아 〈함무라비 법전〉을 만들었어요. 이 법전에 있는 '눈에는 눈, 이에는 이'라는 조항은 아주 유명하지요.

함무라비 왕이 죽은 뒤에 바빌로니아 왕국은 다른 민족의 침입을 자주 받았어요. 그중 강력한 세력이 히타이트였어요. 히타이트 사람들은 발달된 철기를 가진 전투력이 뛰어난 유목 민족으로, 기원전 1500년경에 메소포타미아 지역을 차지했어요.

지구라트

구약 성서에 바벨탑이라고 하는 거대한 건축물이 지구라트를 가리키는 것일 수 있다고 보고 있단다.

알파벳의 기원이 등장하다

지중해 동쪽 연안 지역에는 기원전 1200년쯤에 페니키아 사람들이 나라를 세웠어요. 페니키아 사람들은 타고난 뱃사람들로, 배에 진귀한 물건을 싣고 지중해 여러 지역을 돌아다니며 장사를 하면서 곳곳에 도시를 세웠어요. 그중 대표적인 도시가 카르타고예요. 그리고 이들이 사용한 문자는 그리스에 전해져 오늘날 알파벳의 기원이 되었지요.

팔레스타인 땅에 살던 헤브라이 사람들은 기원전 1000년쯤에 헤브라이 왕국을 세웠어요. 이들은 '야훼' 신을 섬기는 유대교를 믿었는데, 유대교는 훗날 크리스트교와 이슬람교의 바탕이 되었지요.

한편, 메소포타미아 지역에서 세력을 떨치던 아시리아는 철로 만든 무기와 전차로 무장한 말 탄 군사를 앞세워 헤브라이 왕국의 일부를 멸망시켰어요. 그리고 이집트를 정복해 기원전 700년쯤에는 아시리아 제국을 세웠어요. 하지만 아시리아는 정복한 지역의 사람들을 엄격하게 차별했어요. 정복지 주민들의 불만은 점차 커졌고, 결국 반란으로 이어져 100년도 채 안 되어 멸망했답니다.

아시리아 왕에게 무릎 꿇은 헤브라이의 왕

1장 인류의 출현과 문명

태양신의 아들, 파라오가 나라를 다스리다

이집트는 나일 강의 선물이다

고대 그리스의 역사학자 헤로도토스는 나일 강을 따라 이집트를 여러 차례 답사한 뒤 '이집트는 나일 강의 선물'이라고 말했어요. 나일 강은 모래와 사막으로 뒤덮인 건조한 땅을 가로질러 흐르면서 홍수 때마다 기름진 흙을 날라 주었어요. 그래서 이집트는 일찍부터 농사를 짓고 문명이 발전했지요. 지금도 이집트 사람들은 나일 강 주변에 도시를 건설하고 살아가고 있어요.

기원전 3000년쯤에 이집트의 크고 작은 도시 국가들은 통일을 이루었어요. 그리고 찬란한 문명의 꽃을 피웠지요. 주변에 너른 평야가 펼쳐진 메소포타미아 지역은 외적의 침입을 자주 받았지만, 이집트는 바다와 사막으로 둘러싸여 있었기 때문에 외적의 침입이 적었어요. 그래서 사람들은 전쟁에 대한 걱정이 없었어요.

절대 권력자 파라오가 다스리다

이집트의 왕은 막강한 권력을 가졌어요. 홍수를 다스리고, 물길을 만들기 위해 많은 사람들을 동원하려면 강력한 힘이 필요했지요. 왕은 정치뿐만 아니라 농사가 잘 이루어지기를 기원하여 신들에게 제사를 드리는 일도 맡았지요. 그래서 이집트 사람들은 왕을 태양신의 아들이라고 믿어 '파라오'라고 불렀어요.

이집트 사람들은 몸은 죽어도 영혼은 죽지 않는다고 믿었지요. 그래서 사람이 죽으면 내장을 빼내고 특수한 방부제와 향료를 채워 넣고 붕대로 싸 미라로 만들었어요. 절대자 파라오도 죽은 후에 미라로 만들어졌지요. 이 중에서 투탕카멘 왕의 미라는 화려하고 아름다운 것으로 손꼽히지요. 투탕카멘 왕은 어린 나이에 파라오가 되어 왕위에 오른 지 4년 만에 죽었지만, 그의 무덤에서는 황금으로 만든 의자와 지팡이 등 엄청난 양의 보물이 발굴되었지요.

파라오 미라는 거대한 무덤인 피라미드에 보관되었어요. 남아 있는 피라미드 중에서 기제에 있는 쿠푸 왕의 것이 가장 크답니다. 돌 하나의 무게만 해도 2톤이 넘고, 만드는 데 무려 20년이나 걸렸다고 해요.

피라미드

실용적인 학문이 발달하다

이집트 사람들은 강가에 자라는 파피루스라는 갈대의 줄기로 종이를 만들었어요. 파피루스에 파라오의 명령을 비롯해서 기록을 남겼지요. 이 기록을 이웃 나라에 선물로 주기도 했는데, 이집트의 지식이 가득 담긴 파피루스는 외국 사신들이 가장 좋아하는 선물이었답니다. 그리고 나일 강의 물이 넘치는 시기를 예측하고 농사를 짓기 위해 달력을 이용했어요. 이 달력은 태양의 움직임을 기준으로 만들었어요. 또 피라미드나 신전을 짓는 데 측량술을 이용했으며, 수학도 발달하여 10진법을 썼어요.

피라미드의 수호신 스핑크스

스핑크스는 흔히 피라미드를 지키는 수호신이라고 알고 있지요. 스핑크스의 정면에서 보면 등 뒤에 피라미드가 있어서 마치 피라미드를 지키는 것처럼 보여요. 그렇지만 스핑크스가 만들어진 시기는 피라미드가 만들어진 시기보다 2000년쯤 전이라고 밝혀졌어요. 사자의 몸과 인간의 머리를 한 채 오랫동안 홀로 앉아 있던 거대한 괴수를 이집트 사람들은 피라미드를 지키는 수호신으로 이용한 것이지요.

스핑크스

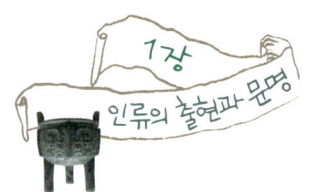

1장 인류의 출현과 문명

인더스 강에서 인도의 문명이 시작되다

"계획적인 도시 문명이 발달하다"

인도의 역사는 인더스 강 유역에서 시작되었어요. 기원전 2500년쯤에 이 강가의 기름진 평야 지대에서 매우 발달된 도시 문명인 인더스 문명이 일어났어요. 인더스 강 유역은 농사짓기에 알맞은 평야 지대일 뿐만 아니라 주변에 있는 다른 문명과도 교류하기 좋은 지역이었어요. 인더스 강 상류에 있는 펀자브 지방은 북쪽의 중앙아시아와 서아시아를 잇는 교통의 중심이었고, 하류 지역은 페르시아 만을 통해 메소포타미아와 이어지는 해상 교통의 요지였어요.

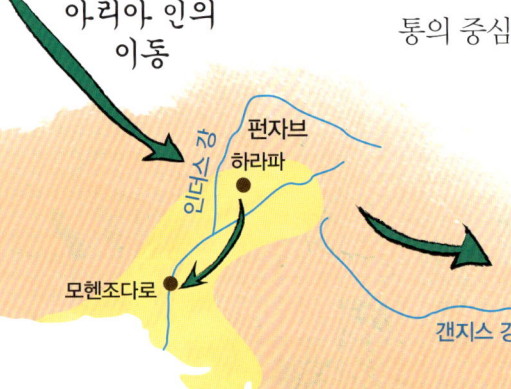

하라파에서 출토된 흙으로 만든 인형들

모헨조다로에서 발굴된 유적지

모헨조다로의 지배층 조각상

넓다!

여기는 대형 목욕장이야. 모헨조다로 지역의 발달된 건축술을 느낄 수 있겠지?

　인더스 강을 따라 도시가 발달했는데, 모헨조다로와 하라파가 대표적으로 발굴된 도시 유적이랍니다.

　모헨조다로 유적에는 흙벽돌로 쌓은 성곽 안에 왕궁과 신전 터가 남아 있어요. 도로와 하수도도 잘 갖추어져 있고, 2층 이상으로 지은 집들에는 우물과 목욕탕이 있으며, 수세식 화장실이 있는 곳도 있지요. 그리고 곡물을 넣어 두던 창고와 회의장으로 쓰인 건물도 있어요. 커다란 목욕장도 있는데, 아마 종교 의식을 이끄는 사람들이 의식을 치르던 장소였을 거예요.

　모헨조다로 유적에서 나온 청동 소녀상은 오늘날 인도 남부에 사는 키가 작고 피부가 갈색인 드라비다 족과 모습이 비슷해요. 이것으로 볼 때 인더스 문명을 만든 사람들이 바로 드라비다 족일 것이라고 추측할 수 있어요. 드라비다 족은 청동기를 사용했고, 농경과 목축 생활을 하면서 메소포타미아 지방과 교역했으며, 약 천 년 동안 번영을 누렸어요.

오늘날 인도인의 조상, 아리아 인이 이동하다

　기원전 1500년쯤에 중앙아시아의 초원 지대에서 유목 생활을 하던 아리아 인이 인도 땅으로 들어와 인더스 문명을 파괴했어요. 그들은 펀자브 지방에 머문 뒤 점차 동쪽으로 이동하여 기원전 1000년쯤에는 갠지스 강 유역에 터전을 마련했어요. 이 아리아 인이 바로 오늘날 인도 사람들의 조상이랍니다.

　갠지스 강 유역은 홍수가 잦고 습지가 많아 사람들이 살기 힘들었어요. 그렇지만 아리아 인은 철로 만든 농기구를 이용하여 농경지와 물길을 만들고, 커다란 마을을 이루어 살았지요. 농업이 잘되면서 사회가 빠르게 발전하고 크고 작은 도시 국가들이 들어섰어요.

엄격한 신분제, 카스트를 형성하다

　아리아 인은 인도에 들어온 뒤 하늘, 태양, 번개, 폭풍 등 자연 현상을 일으키는 신들에게 제사를 지내고 찬양했어요. 그리고 정복 지역을 넓히고 지배하는 과정에서 아리아 인과 본래 인도에 살고 있던 사람들을 구분해 계급을 만들었지요. 이것이 오늘날까지 남아 있는 '카스트'라는 인도의 신분제예요. 인도에서는 카스트를 색깔을 뜻하는 '바르나'라고 하는데, 아마 지배층인 아리아 인과 지배를 받는 사람들의 피부색이 달랐기 때문인가 봐요.

　카스트는 제사 의식을 맡아 하는 브라만, 정치와 군대의 일을 맡아 하는 크샤트리아, 농업이나 상업에 종사하는 바이샤, 노동자와 노예로 구성된 수드라로 크게 나뉘지요.

그리고 이 네 개 신분에 들지도 못하는 가장 낮은 계층으로, '접촉할 수 없는 천민'이라는 뜻의 불가촉천민이 있어요. 카스트제가 만들어진 뒤 다른 신분끼리는 혼인뿐만 아니라 식사조차 같이 하지 않는 등 차별이 많았어요. 이러한 차별은 아직도 인도 사람들의 생활에 많은 영향을 미치고 있어요.

1장 인류의 출현과 문명

황허 강 유역에서 중국이 시작되다

중국 최초의 나라, 상나라가 발전하다

중국 문명의 터전은 황허(황하) 강이에요. 중국 북부에는 기름진 황토 지대가 넓게 펼쳐져 있고, 거대한 황허 강의 물줄기가 흐르지요.

기원전 2500년 무렵에 황허 강 중·하류 유역에는 크고 작은 도시가 많이 세워졌어요. 이때 이곳을 다스린 전설적인 성인들을 '삼황오제'라고 하지요. 이들은 우리나라의 고조선 건국 신화에 나오는 단군과 같은 전설적인 인물들이에요. 삼황오제의 이야기는 중국에 나라가 생기기 이전의 모습을 보여 준답니다.

전해 내려오는 이야기에 따르면, 중국 최초의 왕조는 하나라예요. 하나라는 우왕이 세웠으며, 걸왕 때 멸망했다고 해요. 그러나 하나라의 유적과 유물이 발견되지 않아서 하나라가 있었는지 알 수 없어요. 그런데 최근 허난 성에서 아주 오래된 유물이 나왔어요. 하지만 이것이 하나라의 것인지는 확인되지 않아 그 실체가 아직도 밝혀지지 않고 있답니다.

기원전 1600년 무렵에 황허 강 중류에서 상나라가 발전했어요. 상나라의 탕왕은 어진 재상인 이윤을 등용하여 훌륭한 정치를 폈어요. 그 무렵 하나라의 걸왕은 백성을 괴롭히던 대단한 폭군이었어요. 상나라의 탕왕은 군대를 몰아 걸왕을 무너뜨리고 하늘을 대신해 나라를 다스리는 천자의 자리에 올랐어요. 그 뒤 상나라는 600여 년 동안 발전했지요. 상나라는 도읍을 '은'으로 옮겼기 때문에 '은나라'라고도 부르지요.

그렇지만 상나라의 마지막 왕인 주왕은 왕위에 오른 뒤 달기라는 미녀와 사랑에 빠져 정치를 소홀히 했고, 결국 주나라의 공격을 받아 무너졌어요.

세 발 달린 청동솥

상나라에서 만든 청동기

상나라는 점을 쳐서 중대사를 결정하다

상나라에서는 청동으로 된 무기와 제사 도구를 만들었어요. 또 달력을 만들어 제사와 농사에 이용하기도 했지요.

그리고 상나라의 왕은 나라의 중요한 일을 결정할 때마다 하늘에 뜻을 물었어요. 신에게서 나온 답은 거북의 껍질이나 동물의 뼈에 기록했는데, 이것을 '갑골 문자'라고 해요. 이 문자는 한자의 기원이 되었지요.

수도는 왕, 지방은 제후가 다스리다

기원전 1100년 무렵에 무왕이 주나라를 세웠어요. 주나라는 중국 역사에서 가장 이상적인 시대로 평가받고 있는데, 덕으로 백성을 잘 다스렸기 때문이지요. 주나라의 기틀을 마련한 사람은 무왕이에요. 이때 세력을 넓히고 상나라를 멸망시켰어요.

주나라는 넓어진 영토를 다스리고자 봉건 제도를 시행했어요. 봉건 제도는 왕의 친척을 중심으로 만들어졌지요. 왕은 혈연이나 혼인으로 맺어진 친척을 제후로 삼아 땅을 나누어 주었고, 그 땅을 받은 제후는 왕실에 충성을 맹세하고 왕을 섬겼지요. 제후는 세금을 바치고, 전쟁이 일어나면 왕실을 대신해 전쟁에도 참여했어요.

그렇지만 시간이 지나면서 주나라 왕실의 권위는 점점 떨어졌어요. 게다가 유왕 때 중국 북방에 살던 유목 민족인 견융의 침입을 받아 동쪽으로 수도를 옮기게 되었지요.

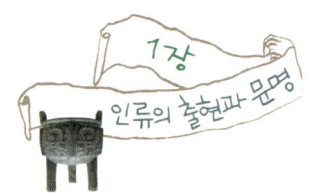

1장 인류의 출현과 문명

에게 해에서 문명이 싹트다

크레타 문명의 도자기

오늘날 그리스와 터키, 크레타 섬으로 둘러싸인 에게 해 지역을 중심으로 청동기 문명이 발달했는데, 크레타 문명, 미케네 문명, 트로이 문명이 대표적이에요. 그중 크레타 문명은 크레타 섬에 살던 사람들이 일으킨 문명이에요. 크레타의 전설적인 왕 미노스의 이름을 따서 미노아 문명이라고도 불러요. 크레타 문명이 남긴 가장 훌륭한 문화 유산으로 크노소스 궁전이 있어요. 또 크레타 문명의 유적지에서는 배수 시설과 하수도 시설은 물론 욕실과 화장실도 발견되었지요.

크레타 사람들은 바다를 무대로 해상 무역에 종사했어요. 그러나 기원전 1400년대에 화산이 폭발하면서 문명은 쇠퇴하기 시작했어요.

기원전 2000년 무렵부터 그리스 본토에 살게 된 미케네 인이 미케네를 비롯해 많은 도시 국가를 세웠어요. 이들은 선진 문명인 크레타 문명을 흡수하면서 발전하더니 점차 크레타 일대를 지배하게 되었어요. 그리고 크레타 문명이 몰락한 뒤에는 에게 해 지역을 지배했어요. 미케네는 '황금의 미케네'로 불릴 만큼 부강해 도시 국가 가운데 중심 역할을 했어요.

기원전 1260년 무렵에 그리스 본토의 작은 왕국들이 미케네를 중심으로 결합하여 소아시아의 트로이와 싸웠는데, 이것이 트로이 전쟁이에요.

미케네 사람들은 전쟁과 사냥을 즐겼어요. 그리고 외국과 교역에도 힘써 에게 해를 중심으로 히타이트, 페니키아, 이집트 등과 교류했지요. 그 뒤 미케네 문명은 힘이 약해지면서 기원전 1200년쯤에 그리스 북서부 지역에 살던 도리아 인에게 멸망했어요.

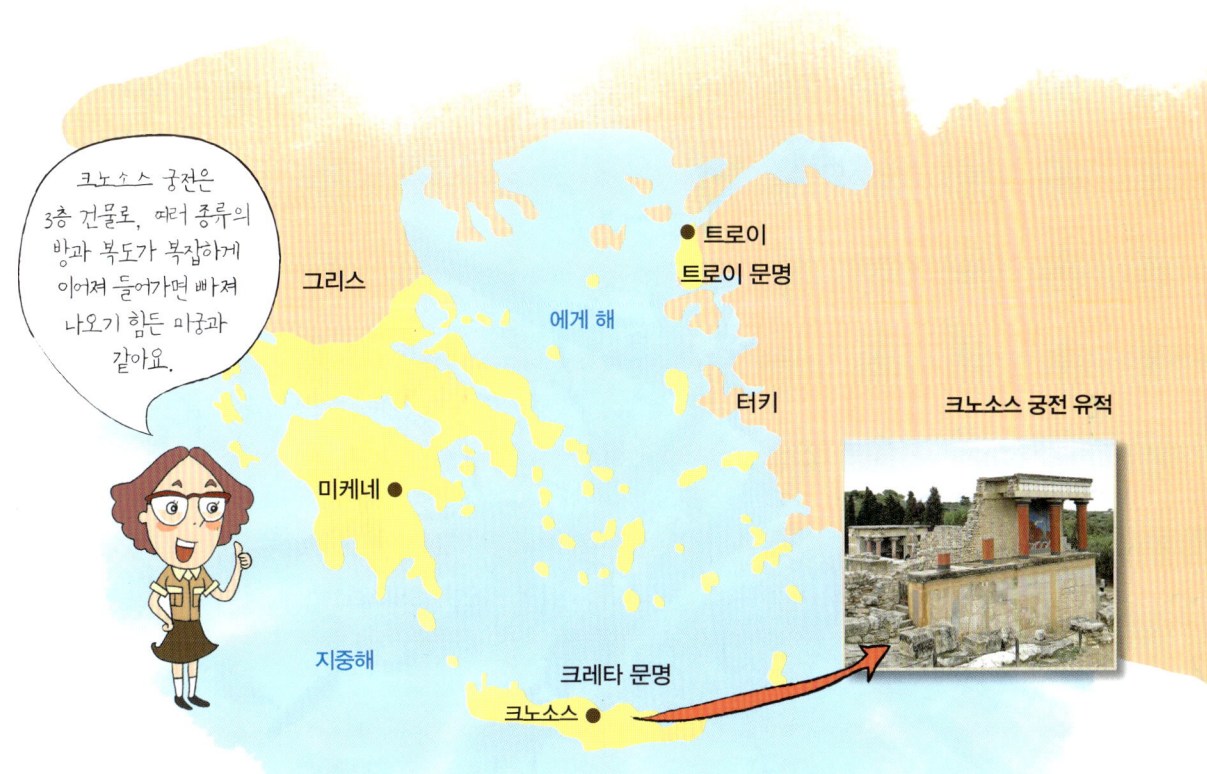

인류의 역사를 문자로 기록하다

문명 시대의 중요한 특징 중 하나는 문자를 만들어 사용했다는 점이에요. 문자로 상황을 기록하면서 사람들은 오랫동안 그것을 기억하고 보존할 수 있게 되었지요. 그리고 더 많은 사람들이 지식을 나눌 수 있게 되었어요. 문자 발명과 사용은 지식 보급에 큰 영향을 미쳤을 뿐만 아니라 인류의 역사 발전을 가져왔지요. 문자를 사용하기 이전 시대를 선사 시대, 문자로 기록하기 시작한 이후 시대를 역사 시대라고 해요.

쐐기 문자로 새겨진 함무라비 법전비

문자를 처음 사용한 사람들은 메소포타미아 문명의 주인공이었던 수메르 인이었어요. 수메르 인은 말랑말랑한 진흙 점토판에 끝이 뾰족한 갈대로 쐐기 모양의 글자를 새겼지요. 그래서 이것을 쐐기 문자라고 불러요. 처음에는 그림 문자로 만들어 쓰다가 점차 쐐기 모양의 표식으로 글자를 나타냈어요. 수메르 인들은 수많은 전설과 영웅들의 모험담을 점토판에 써서 보관했어요.

이집트에서도 수메르의 영향을 받아 문자를 사용했는데, 두 가지 문자가 있었어요. '거룩한 기록'이란 뜻을 가진 히에로글리프와 이를 간략하게 만든 히에라틱이랍니다. 히에로글리프는 그림 문자로 신전의 비문이나 묘지 같은 기념물에 사용했는데, 쓰기가 너무 어려웠어요. 그래서 행정 사무나 상업적 계약 등 일상생활에 쓸 수 있는 문자를 간략하게 만들었지요.

파피루스에 새겨진 문자

이집트의 문자를 좀 더 사용하기 쉽게 간단하게 만든 사람들이 있었어요. 그들은 장사에 뛰어난 능력을 가지고 있었던 페니키아 인이에요. 페니키아 인은 오늘날 레바논과 시리아, 지중해 연안의 곳곳을 다니면서 장사를 했어요. 무역에 필요한 의사소통과 장부 정리를 하는 데 20여 개의 문자를 사용했지요. 이것이 오늘날 알파벳의 기원이 되었어요.

갑골 문자

세계에서 가장 많은 사람들이 사용하는 문자가 무엇일까요? 한자예요. 세계에서 가장 많은 기록에 사용된 문자도 한자예요. 한자는 상나라에서 만들어 사용한 갑골 문자에서 비롯되었어요. 중국에서는 거북의 등이나 배껍데기(갑, 甲) 또는 짐승의 어깨뼈(골, 骨)를 사용하여 점을 친 뒤, 거기에 점을 친 내용과 결과를 새겨 넣었는데, 이 글자를 갑골 문자라고 했지요.

갑골 문자로 기록된 내용 중 가장 많은 것은 신에게 뜻을 묻는 내용과 신에게 드리는 제사와 관련된 내용이랍니다. 그리고 나라의 중대한 결정 사항은 물론 일상생활에서 일어나는 사소한 일까지 다양하게 기록했어요. 한자는 오늘날 중국만이 아니라 우리나라, 일본, 베트남에서도 널리 사용되고 있어요.

인더스 강 유역에서 일어난 인더스 문명에서도 당연히 문자를 사용했지요. 그렇지만 인도의 문자는 동물 문양으로 표현된 그림 문자로, 지금까지 그것을 제대로 읽어내지 못하고 있답니다.

소 문양이 새겨진 인도의 인장

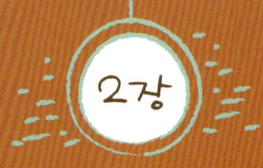

2장

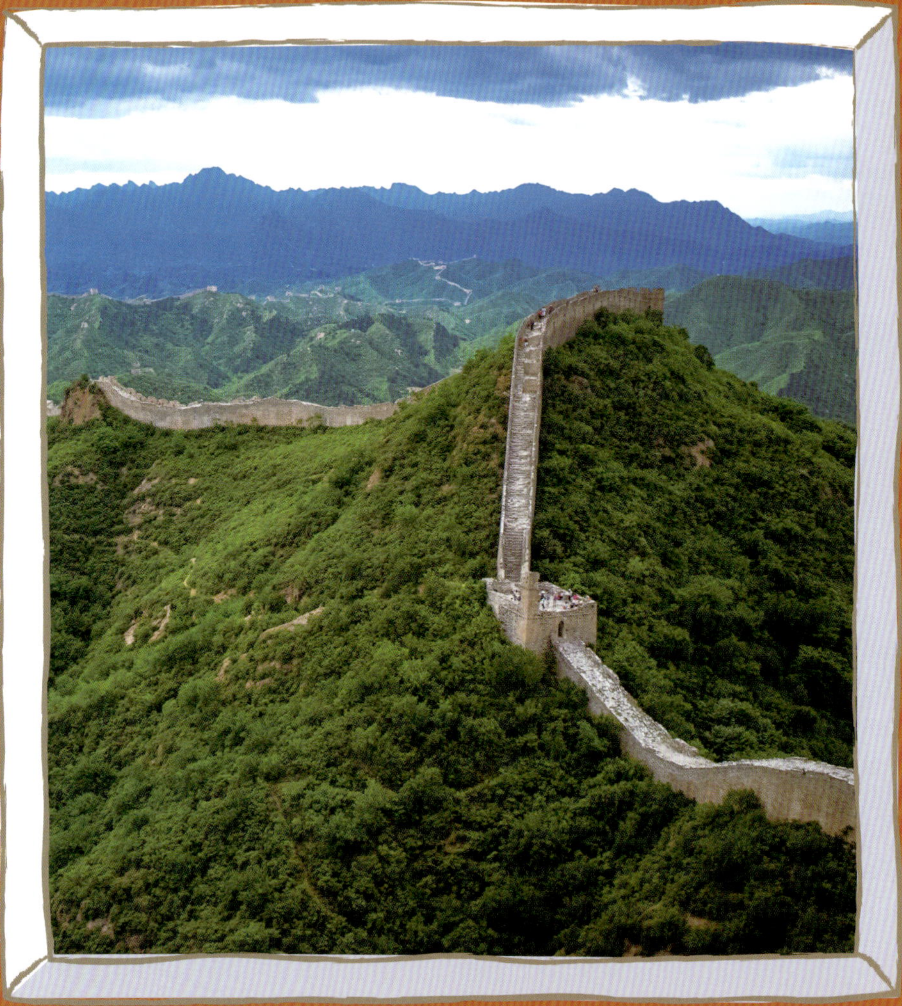

기원전 770년
중국, 춘추 시대

기원전 600년경
인도, 불교 탄생

기원전 500년대
페르시아, 오리엔트 통일

기원전 492년
그리스와 페르시아 전쟁

고대 아시아 세계

세계의 역사를 먼저 이끈 것은 아시아였어요. 페르시아는 메소포타미아의 발전된 문명을 터전으로, 스스로 '세계의 왕'이라면서 대제국을 이끌었어요. 그리고 인도에서는 마우리아 왕조가 넓은 인도 땅 대부분을 통일했어요. 이때 불교는 인도를 하나로 묶어 주었을 뿐 아니라 아시아 각 지역에 영향을 주었어요. 중국에서는 춘추·전국 시대에 이룬 많은 변화와 발전을 진나라가 하나로 묶어 통일 제국을 이루었어요. 이후에 한나라는 중국 문화의 기틀을 마련했지요.

기원전 403년
중국, 전국 시대

기원전 320년대
인도, 마우리아 왕조 성립

기원전 221년
진나라, 중국 최초 통일

기원전 202년
중국, 한나라 건국

2장 고대 아시아 세계

세계 최초의 제국, 페르시아가 등장하다

다른 민족에게 관용 정책을 펴다

아시리아가 멸망한 뒤, 페르시아의 사람들은 거대한 제국을 세웠어요. 아케메네스 가문이 세웠다고 하여 '아케메네스 왕조 페르시아'라고 해요. 아케메네스의 키루스 대왕은 에게 해안과 흑해 연안의 그리스 식민지를 정복하고, 동쪽으로 인도의 간다라 지방, 그리고 바빌로니아 왕국도 점령했어요. 그는 스스로를 '세계의 왕' 또는 '위대한 왕'이라고 했어요.

키루스 대왕은 넓은 제국을 각 주의 총독에게 다스리도록 하고, 점령한 지역 사람들의 제도, 관습, 종교를 존중해 주었지요. 각 민족의 전통을 존중한 정책은 그 뒤 페르시아 왕들이 대제국을 통치하는 본보기가 되었어요.

키루스 왕의 왕궁이 있던 지역에서 발견된 왕의 무덤

'왕 중의 왕'이 탄생하다"

키루스 대왕의 뒤를 이어 캄비세스 2세는 이집트를 정복했어요. 그러나 페르시아에서 반란이 일어나자 캄비세스 2세는 급하게 귀국하던 중에 죽고 말았어요. 반란을 진압하고 왕위에 오른 사람은 다리우스 1세예요. 다리우스 1세는 키루스 대왕의 뜻을 이어 지중해 동쪽 세계를 통일했어요. 그의 제국은 인더스 강 유역에서 서아시아, 지중해 동부, 이집트에 이르는 대제국이 되었어요. 그리고 다리우스 1세는 키루스 대왕처럼 스스로를 '위대한 왕', '왕 중의 왕', '페르시아의 왕'이라고 했지요.

주변의 여러 민족들은 다리우스 1세에게 공물을 바쳤어요. 낙타를 몰고 온 아라비아 사람, 들소를 몰고 온 간다라 사람, 전차를 몰고 온 사람들까지 아주 다양했지요.

다리우스 1세는 넓은 제국을 다스리기 위해 여러 제도를 마련했어요. 전국을 20여 주로 나누고, 각 주마다 왕족이나 대귀족 출신의 총독을 보내어 다스리게 했어요. 그리고 '왕의 귀', '왕의 눈'이라 하는 감찰관을 보내 총독들을 감시했어요. 또 주요 도시를 잇는 도로를 만들었는데, 이 길을 '왕의 길'이라고 하지요. 이 도로는 나라를 다스리는 데 편리했을 뿐 아니라 교통과 상업 발달에 큰 도움을 주었어요.

다리우스 1세는 키루스 대왕의 정책을 이어 여러 민족을 품는 포용 정책을 폈어요. 이런 정책으로 페르시아는 약 200년 동안 서아시아를 지배할 수 있었어요. 그 결과 페르시아가 정복한 여러 민족의 우수한 문화는 페르시아 문화의 기틀이 되었는데, 이 문화를 '오리엔트(동방) 문화'라고 해요.

페르세폴리스 왕궁 유적

페르시아, 그리스를 세 번 침략하다

소아시아의 식민 도시들이 아테네의 지원을 받아 반란을 일으키자 다리우스 1세는 기원전 492년부터 그리스에 두 차례나 군대를 보냈어요. 그러나 페르시아의 침략은 실패로 끝나고 말았답니다.

그 뒤 페르시아는 다시 그리스를 침략했어요. 이번에는 다리우스 1세의 뒤를 이은 크세르크세스 1세 때였어요. 크세르크세스 1세는 대함대를 이끌고 그리스에 침입했으나 또 성공하지 못했어요. 그리고 기원전 331년에 페르시아는 알렉산드로스 대왕에게 멸망했어요.

페르세폴리스의 왕궁 유적에서 볼 수 있는 페르시아 문화의 특징

새해가 되면 페르시아의 페르세폴리스 왕궁에는 각지에서 많은 사신들이 조공을 바치기 위해 긴 줄을 섰지요. 말과 팔찌를 바치는 스키타이 인, 낙타를 끌고 온 박트리아 인, 또 옷감을 가지고 온 바빌로니아 인 등 당시 서아시아뿐만 아니라 인도의 지중해 건너 이집트 인도 페르세폴리스에 모여들었어요. 궁전을 바치고 있는 기단부에는 이러한 사신단의 모습이 자세하게 조각되어 있지요.

만국의 문

또 남아 있는 건축물을 보면 이 궁전 건축에 다양한 문화가 영향을 미쳤다는 것을 알 수 있어요. 왕궁으로 들어가는 입구에는 거대한 문이 서 있는데, 이것을 '만국의 문'이라고 불러요. 페르시아 제국 내 모든 민족의 대표가 페르시아의 왕을 만나기 위해서는 이 문을 통과해야 했어요. 그런데 이 문에 조각되어 있는 사람 머리를 가진 황소상은 아시리아 양식, 기둥머리는 그리스와 이집트 양식의 영향을 받은 것이에요.

인도에 통일 왕조가 등장하다

고타마 싯다르타가 불교를 창시하다

기원전 600년대 무렵에 북부 인도 지역에는 16개 나라가 있었어요. 이 나라들은 인도 전체를 차지하려고 경쟁을 했어요. 이 과정에서 정치와 군대를 담당하는 크샤트리아의 세력도 커졌고, 농업과 상공업이 발전하여 생산 계급인 바이샤의 세력도 커졌어요. 하지만 크샤트리아와 바이샤는 여전히 2, 3번째 계급이었기 때문에 차별을 받았어요. 그래서 두 계급은 제사와 종교를 담당해 카스트의 제일 높은 자리에 있는 브라만 계급과 카스트제에 불만을 가졌어요.

그 무렵 인도에는 브라만교의 엄격한 제사 의식에 반대하고, 진리는 모든 사람들의 마음속에 있어 누구나 수행을 하면 깨달음을 얻을 수 있다고 주장하는 불교와 자이나교가 나타났어요. 특히 불교는 자비와 평등을 강조해 차별을 받고 있던 사람들의 관심을 받았어요.

고행하는 부처상

  불교를 만든 이는 고타마 싯다르타입니다. 그는 왕자로 태어났어요. 그러니까 크샤트리아 계급이었지요. 그는 세상 사람들이 고통을 겪는 것을 보고, 29세에 출가하여 6년간 고된 수행을 한 끝에 보리수나무 밑에서 깨달음을 얻었어요. 깨달은 사람 즉, 석가모니가 된 것이지요.

  석가모니는 "누구나 도를 닦아 깨달음을 얻으면 모두 부처가 될 수 있다."고 가르쳤어요. 석가모니의 가르침은 수드라, 바이샤, 크샤트리아 계급에게 환영을 받았어요. 반면, 자이나교는 지나치게 엄격한 수행을 강조했기 때문에 불교처럼 많은 사람들의 지지를 얻지는 못했어요.

2장 고대 아시아 세계

불교가 발달하다

기원전 320년대에 찬드라굽타가 갠지스 강 유역에 마우리아 왕조를 열어 인도 북부 지방을 통일했어요. 그 뒤 찬드라굽타의 손자 아소카 왕은 남쪽의 일부를 제외한 인도의 대부분을 통일했어요. 인도 최초의 통일 왕조를 이룬 것이지요.

그런데 아소카 왕은 정복 전쟁을 하면서 많은 사람들을 잔인하게 죽인 것을 깊이 후회했어요. 그래서 불교의 가르침인 자비와 평등 정신으로 나라를 다스리려고 결심했지요. 그는 적극적으로 불교를 장려하는 정책을 폈고, 석가모니가 깨달음을 얻은 장소를 비롯하여 전국 각지에 커다란 불탑을 만들었어요. 그리고 이러한 자신의 의지를 알리기 위해 전국 곳곳에 돌기둥을 세웠답니다.

아소카 왕이 죽은 뒤에 마우리아 왕조가 급격히 쇠퇴하면서 인도는 다시 분열되었어요. 그 뒤 서북쪽에서 쿠샨 족이 인도로 내려와 지금의 아프가니스탄, 파키스탄, 인도 북부 지역에 쿠샨 왕조를 열었어요. 쿠샨 왕조는 이란 지역을 거쳐 로마 제국과 교역을 했으며, 중국에서 로마까지 이어지는 비단길을 놓고 중국 한나라와 겨루기도 했지요.

쿠샨 왕조는 카니슈카 왕 때 크게 발전했어요. 카니슈카 왕은 불경을 정리하고 절도 많이 세우는 등 불교 전파에 힘썼어요.

아소카 왕 때 세운 산치대탑

이때 불교에서는 수행하는 사람만 도를 깨우칠 것이 아니라, 보다 많은 사람을 구제해야 한다는 흐름이 생겼어요. 개인의 깨달음을 가장 중요하게 여긴 '상좌부 불교'와 구분하여 이러한 흐름을 '대승 불교'라고 해요. '대승'이라는 말에는 '수레에 많은 중생을 태우고 극락에 간다.'는 대중구제의 뜻이 담겨 있어요.

한편, 쿠샨 왕조 시대에 간다라 지방을 중심으로 석가모니의 모습을 새긴 불상이 처음 등장했어요. 사람들은 이것을 예배의 대상으로 삼았어요. 그런데 불상의 모습은 그리스 사람과 비슷했어요. 그것은 알렉산드로스 대왕이 간다라 지방까지 침략해 왔을 때 이곳에 그리스 문화가 전해졌기 때문이지요.

간다라 불상은 대승 불교와 함께 비단길을 따라 중국을 거쳐 우리나라에도 전해졌어요. 경주 석굴암에 있는 불상의 모습과 간다라 불상의 모습이 비슷한 이유를 알 만하지요?

간다라 불상(인도)

석굴암 본존불상(한국)

윈강 석불(중국)

혼란의 시대, 그러나 중국의 사회가 발전하다

분열과 혼란이 계속되다

기원전 770년에 주나라 왕실이 유목민의 침입을 받고 수도를 동쪽 뤄양으로 옮긴 뒤부터 진나라가 통일할 때까지를 '춘추·전국 시대'라고 해요. 이 시대는 혼란과 분열, 전쟁이 550년이나 계속되었어요. 춘추·전국이란 이름은 〈춘추〉와 〈전국책〉이라는 역사책에서 따온 것이에요.

춘추 시대는 제후들이 주나라 왕실의 권위를 어느 정도 인정하며 서로 경쟁하던 시대였지만, 그 뒤 전국 시대는 제후들이 왕실을 완전히 무시하고 스스로를 왕이라 했어요. 그 때문에 제후국 사이에서 전쟁이 끊이지 않았어요.

춘추 시대에는 제, 진(晉), 초, 오, 월 등의 많은 나라가 다툼을 벌였고, 전국 시대에는 한, 위, 조, 연, 제, 초, 진의 일곱 나라가 더 많은 땅과 백성들을 차지하기 위해 치열하게 전쟁을 벌였어요.

경제와 사회가 크게 발전하다

춘추·전국 시대에는 주나라에서 시행한 봉건 제도가 무너지고, 지방에 군이나 현을 설치하고 관리를 보내어 다스리는 군현제가 등장했어요. 그리고 나라들 사이에 경쟁이 계속되면서 경제가 발전했지요. 이때 철기가 보급되면서 쇠로 농기구를 만들고, 소를 농사에 이용하기 시작했어요. 단단한 철제 농기구와 소를 이용하여 힘을 덜 들이면서 땅을 갈게 되었을 뿐만 아니라 더 깊게 갈아엎을 수 있었어요. 덕분에 새로 갈아엎은 땅에 작물을 심으면 더욱 잘 자랄 수 있게 되었어요. 그래서 식량 생산량이 크게 늘어났어요.

수공업과 상업도 발달했지요. 그리고 청동 화폐가 널리 사용되었으며, 네 바퀴가 달린 큰 수레와 많은 배를 가진 부자 상인들이 나타났어요.

이 시대에는 직업에 따라 선비(사), 농부(농), 수공업자(공), 상인(상)으로 계층을 구분했어요. 그러나 각 나라는 신분이나 출신 나라에 관계없이 유능한 인재를 불러들여 나라를 부유하게 하고, 군사를 강력하게 만들고자 노력했어요.

소를 탄 노자

공자상

학문과 사상이 발달하다

춘추·전국 시대에는 다양한 학문과 사상이 발전하여 학문의 황금 시대를 이루었어요. 이 당시의 혼란한 사회를 바로잡는 데 뜻을 둔 학자와 사상가가 많이 나타났는데, 이들을 '제자백가'라고 해요. 제자백가는 유가, 도가, 묵가, 법가 등이 대표적이지요.

유가는 혼란한 현실을 바로잡는 것이 무너져 가는 주나라 왕실의 질서를 되살리는 길이라 생각했어요. 유가를 대표하는 공자는 나라에 충성하며 형제간에 우애 있게 지내면, 예절이 살아나고 사회 질서가 회복될 것으로 기대했지요.

도가는 사람이 만든 법률이나 제도가 오히려 사회를 어지럽히고 백성이 살아가는 데 도움이 되지 않는다고 보았어요. 도가의 대표적인 사상가인 노자는 자연 그대로가 가장 좋다며 자연으로 돌아갈 것을 주장했어요. 정치 또한 백성을 자연스런 상태로 두는 것이 가장 바람직하다고 했지요.

묵가는 차별 없는 사랑이 가장 중요하다고 주장했어요. 신분이 낮다고 무시하지 않고, 나와 너를 구별하지 않으며, 다툼은 사치한 마음에서 시작되며, 사치한 마음을 없애려면 부지런하고 아껴 쓰는 태도가 꼭 필요하다고 했지요.

법가는 법으로 나라를 다스려야 한다고 주장했어요. 이들의 사상은 진나라가 중국을 통일하는 데 밑바탕이 되었는데, 대표적인 사상가로는 상앙, 한비자가 있어요.

2장 고대 아시아 세계

진 시황제가 최초로 중국을 통일하다

법가 사상으로 나라를 다스리다

진나라는 전국 시대 일곱 나라 중 가장 서쪽에 있었어요. 진나라는 법가 사상가였던 상앙이라는 정치가를 등용했어요. 그는 공을 세운 사람들에게는 상을 주고, 게으른 사람이나 전쟁에 진 사람들에게 벌을 주는 등 법을 엄격하게 시행했어요. 그 결과 진나라는 당시 가장 강력한 나라로 발전하여 전국 시대의 혼란을 통일한 중국 최초의 통일 왕조가 되었지요. 이때가 기원전 221년이랍니다.

진 시황제 무덤에서 발굴된 전차 모형

강력한 통일 제국을 위해 힘쓰다

진나라 왕은 통일 후 자신을 '황제'라고 부르게 하고, '최초의 황제'라는 뜻으로 '시황제'라고 했어요. '황제'라는 말은 '삼황오제'에서 딴 것이에요. 또 황제만이 사용할 수 있는 말도 만들었는데, 예를 들면 '짐'이란 말이 있지요. 그 뒤 황제는 중국에서 임금을 부르는 말이 되었어요.

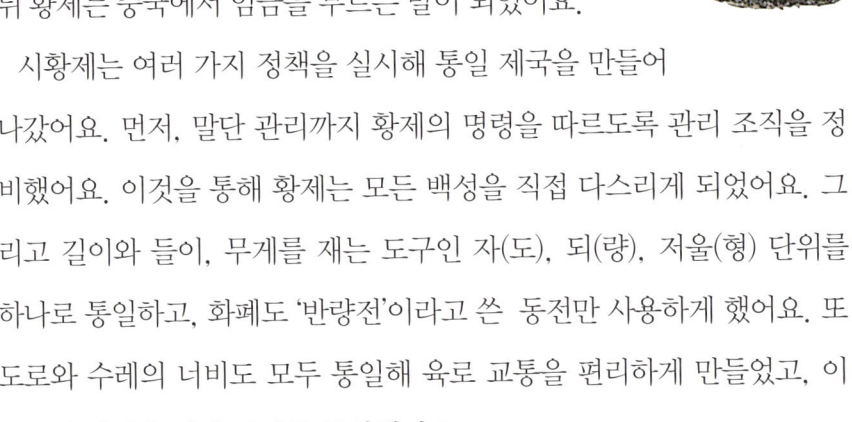

진나라의 반량전

시황제는 여러 가지 정책을 실시해 통일 제국을 만들어 나갔어요. 먼저, 말단 관리까지 황제의 명령을 따르도록 관리 조직을 정비했어요. 이것을 통해 황제는 모든 백성을 직접 다스리게 되었어요. 그리고 길이와 들이, 무게를 재는 도구인 자(도), 되(량), 저울(형) 단위를 하나로 통일하고, 화폐도 '반량전'이라고 쓴 동전만 사용하게 했어요. 또 도로와 수레의 너비도 모두 통일해 육로 교통을 편리하게 만들었고, 이사에게 명령을 내려 문자를 통일했지요.

한편, 시황제의 강력한 중앙 집권 제도에 반대하고 주나라의 봉건 제도로 다시 바꾸자는 의견을 내놓은 학자들이 있었어요. 이사는 다양한 의견을 말하는 학자들이 통일된 국가를 만드는 데 걸림돌이 된다고 판단했어요. 그리하여 그는 이러한 학자들을 엄하게 다스리고 백성들에게 꼭 필요한 의학에 관한 책, 점보는 책, 농업에 관한 책, 진나라 역사책을 제외한 모든 책을 불태울 것을 건의했어요. 시황제는 이를 받아들여 책을 불태우고 선비 460명을 산 채로 구덩이에 파묻어 죽였어요. 이것을 '분서갱유'라고 해요.

시황제에게는 커다란 고민이 있었어요. 중국의 북쪽 지방에 살고 있는 흉노가 쳐들어와 약탈하는 일이 자주 일어났기 때문이에요. 그래서 시황제는 흉노를 막기 위해 성벽을 쌓도록 했어요. 장군 몽염이 군사 30만 명을 이끌고 가 흉노를 쫓아내고 성벽을 쌓았는데, 이것이 만리장성이에요. 그런데 거대한 장성을 쌓을 때 엄청나게 많은 백성들이 희생되었어요. 또 시황제는 자신의 궁전인 아방궁과 무덤인 여산릉을 짓는 큰 공사도 벌였어요. 이러한 지나친 토목 공사와 가혹한 법으로 다스리는 정치는 백성들에게 너무나 큰 고통과 두려움을 주었어요.

시황제가 죽은 뒤에 진승과 오광이 반란을 일으켰어요. 두 사람은 국경 수비를 하러 가다가 홍수를 만나 정해진 날짜에 도착할 수 없게 되었어요. 아무리 애써 도착해 봤자 엄격한 법에 따라 사형당할 것은 뻔했어요. 죽음을 당할 것이 두려웠던 그들이 반란을 일으킨 것이지요. 이 난을 시작으로 전국에서 농민 반란이 일어난 결국 진나라는 멸망하고 말았어요.

만리장성은 세계에서 가장 긴 건축물이지. 중국에서는 장성이라고 하는데, 지금의 장성은 명나라 때 만든 것이란다.

중국 고전 문화의 기틀을 마련하다

한나라 무제가 나라의 기틀을 완성하다

진나라가 무너진 뒤, 항우와 유방이 천하를 놓고 다툼을 벌였어요. 두 세력은 점점 성장하여 항우는 초나라의 패왕이 되었고, 유방은 한나라의 왕이 되었어요. 4년 동안 벌어진 두 사람의 대결은 기원전 202년에 유방의 승리로 끝났어요. 유방은 진나라에 이어 중국의 두 번째 통일 왕조인 한나라를 세웠어요.

한나라 무제

한나라의 일곱 번째 황제인 무제 때 한나라의 기틀이 완성되었어요. 무제는 "나라를 얻는 데에는 전쟁이 좋고, 나라를 다스리는 데에는 유학이 좋다."는 신하의 조언을 받아들여 공자의 사상과 가르침을 따르는 학문인 유학을 정치 이념으로 정했어요. 그 뒤 유학은 중국 정치와 학문의 중심이 되었어요.

무제는 소금, 쇠, 술을 나라에서 독점해 팔도록 했어요. 그리고 물건이 쌀 때 사서 비쌀 때 팔도록 하고, 지방의 특산품을 싸게 사서 다른 지역에 비싼 값으로 팔도록 했어요. 이를 통해 물가를 조절하였고, 나라의 수입도 늘렸지요.

　한편, 무제는 자주 침입해 오는 북쪽의 흉노를 공격하려고 결심했어요. 하지만 한나라의 힘만으로는 흉노를 이길 수 없다고 생각했지요. 그래서 중국의 서쪽에 있는 나라들과 동맹을 맺기 위해 장건을 그곳으로 보냈어요. 하지만 장건은 동맹을 맺는 데는 성공하지 못했어요. 대신 서쪽 지방으로 통하는 길을 알아 왔어요. 그 뒤 이 길로 중국의 비단이 오랫동안 수출되었기 때문에 이 길을 '비단길'이라 부르지요. 비단길은 유럽의 로마 제국까지 이어졌어요.

혼란을 이겨 내고 부활하다

무제가 죽고 난 뒤 한나라의 국력은 점점 약해졌어요. 황실의 외척과 황제 옆에서 시중을 드는 환관들이 정치에 끼어들어 혼란이 심했어요. 그 틈을 타 황후의 조카인 왕망이 황제의 자리를 빼앗고 신나라를 세웠지요. 그렇지만 신나라는 15년 만에 멸망했어요.

그 뒤 황실의 후손인 유수가 다시 한나라를 세우고, 황제에 올랐어요. 이 사람이 광무제예요. 광무제 이후의 한나라를 '후한'이라 하고, 신나라 이전 시대를 '전한'이라고 해요.

후한 때에는 비단길뿐만 아니라 바닷길을 이용한 교류도 활발했는데, 비단길을 통해 인도에서 불교가 들어왔어요. 또 채륜은 종이를 발명하여 지식 보급에 크게 이바지했어요.

한나라 상류층의 집

흙으로 빚은 한나라 때 시녀상

외척과 환관 때문에 혼란에 빠지다

후한 때에는 정치가 안정되고 사회와 경제가 회복되어 오랫동안 번영을 누렸어요. 그러나 어린 황제가 잇따라 즉위하면서 쇠퇴하기 시작했어요. 백일 정도밖에 안 된 갓난아이가 황제에 오른 적도 있었는데, 이런 어린 황제들을 등에 업고 권력을 잡은 사람들이 외척과 환관 세력이었어요. 환관은 황제가 어릴 때부터 업어 주고 놀아 주는 등 황제와 아주 가까웠기 때문에 황제의 권력을 이용해 권세를 누렸어요. 외척과 환관들의 횡포로 정치는 점점 부패했고, 백성들의 삶은 고달팠어요.

한편, 지방에서는 세력가인 호족들이 토지를 계속 늘려가고, 토지를 잃고 떠도는 농민들을 노비로 삼았어요. 그들은 중앙 정부에도 진출해 높은 관직을 차지하기도 했지요.

결국 이러한 혼란은 농민들의 삶을 더욱 힘들게 만들었어요. 고통 받던 농민들은 곳곳에서 반란을 일으켰는데, 대표적인 농민 반란이 황건적의 난이에요. 황건적이 여러 곳에서 반란을 일으키자, 지방의 세력가인 호족들이 반란을 막아 냈어요. 그 뒤 원소, 동탁, 조조, 유비 같은 호족들이 서로 다툼을 벌이면서 한나라는 멸망하고 말았어요.

중국 문화의 기틀을 이룬 한나라

중국은 여러 민족으로 이루어진 나라예요. 그렇지만 우리는 중국을 대표하는 민족을 '한족(漢族)'이라고 하고, 그들이 사용하는 문자를 '한자(漢子)'라고 하지요. 중국을 상징하는 '한(漢)'은 바로 한나라를 의미하는 것이랍니다. 시황제의 진나라가 영토적으로 중국을 최초로 통일한 나라였다면, 한나라는 문화적으로 하나의 중국을 이루어 중국 문화의 기틀을 완성한 나라였지요. 자, 그럼 한나라가 문화적으로 어떤 발전을 이루었는지 살펴볼까요?

왜 나라마다 역사책을 쓰나요?

맞아, 어려운 역사책을 왜 쓰는 거야. 잉~ 싫어.

나라로서 모습을 갖추고 나라 안의 체제가 어느 정도 안정되면서 왕의 업적을 알리기 위해 역사책을 편찬했지.

역사책 〈사기〉 편찬

무제 때 사마천이라는 사관이 〈사기〉라는 역사책을 편찬했어요. '사관'이란 역사를 기록하는 관리를 말해요. 사마천의 아버지도 사관이었는데, 사마천은 "역사책을 완성하라."는 아버지의 유언을 받들어 역사책을 썼어요.

이 역사책을 쓰기 위해 사마천은 전국을 답사하고 자료를 모았지요. 그러던 중 흉노와의 전쟁에 패한 친구를 변호하였는데, 황제의 노여움을 사고 말았어요. 이 때문에 생식기가 잘리는 모진 형벌을 받았어요. 그는 사내로서 죽고 싶을 때도 많았지만 역사책을 써야 한다는 사명감을 가지고 울분을 참고 또 참으면서 자신의 모든 것을 바쳐 〈사기〉를 완성했어요.

사마천

지진 관측을 위한 지동의 발명

지동의

요즘에도 중국에서 크고 작은 지진이 일어나 사람들에게 두려움을 주지만, 과거에는 공포감이 더 컸을 거예요.

후한의 장형이라는 사람이 지진을 관측하는 기계인 '지동의'를 만들었어요. 지름이 1.9m인 통의 안쪽 중앙에 기둥을 세우고, 바깥에는 여덟 방향에 용 장식을 달아 놓은 모양이에요.

지진이 나 땅이 흔들려 통 안의 막대가 쓰러지면, 쓰러진 방향에 있는 용의 입에서 공이 떨어지도록 만들었어요. 떨어지는 용의 입을 보고 지진이 일어난 방향을 알 수 있었다고 해요.

종이 발명

종이가 발명되기 전에 사람들은 주로 대나무나 비단에 글을 써서 소식을 전하거나 기록을 남겼지요. 대나무나 비단은 부피가 크고 가격이 비싸 많은 사람들이 사용하기가 어려웠어요. 그래서 후한 때 채륜이라는 사람이 닥나무와 삼의 껍질을 이용하여 종이 만드는 법을 알아냈어요. 이로써 쓰기 쉽고 값도 싼 종이가 만들어졌어요.

종이 발명은 지식과 문화가 널리 퍼지는 데 크게 도움이 되었지요. 그 뒤 당나라 때 종이 만드는 기술은 아라비아, 이집트, 유럽 지역으로 전해졌어요.

 종이 만드는 과정

1 나무를 다듬고 물에 불려 부드럽게 한다.

2 재료를 솥에 넣어 삶은 후 방아로 찧는다.

3 재료를 물에 풀어 대나무 발을 이용하여 종이를 뜬 후 말린다.

3장

기원전 800년경
그리스, 폴리스 성립

기원전 753년
로마 건국

기원전 492년
페르시아, 그리스 침략

기원전 334년
알렉산드로스 대왕, 동방 원정

고대 그리스와 로마

지중해 연안의 그리스와 이탈리아 반도에는
비슷한 시기에 크고 작은 도시 국가가 생겨났어요.
그리스 사람들은 폴리스에서 자유롭고 인간 중심의 문화를 발전시켰어요.
그리스가 무너진 뒤, 알렉산드로스 대왕이 페르시아 제국을 정복하여
그리스 문화와 오리엔트 문화가 융합된 헬레니즘 문화를 발전시켰어요.
한편, 로마는 대제국을 이루어 정치 제도와 법률 등 실용적인 문화를 발전시켰어요.
이렇듯 지중해를 중심으로 발달한 그리스와 로마의 고전 문화는
크리스트교와 더불어 서양 문화의 중요한 밑바탕이 되었답니다.

기원전 264년	기원전 27년	기원전 4년	313년	476년
포에니 전쟁	로마, 제정 시대	예수 그리스도 탄생	로마 제국, 크리스트교 공인	서로마 제국 멸망

3장 고대 그리스와 로마

작은 도시 국가들이 모여 고대 그리스를 이루다

그리스는 산이 많고 평야가 적어서 지역 간에 교류가 어려웠지요. 그래서 넓은 평야를 가진 다른 문명 지역과는 다르게 이곳에서는 기원전 700년경에 작은 도시 국가들이 생겨났어요. 사람들은 이들 도시 국가를 '폴리스'라고 불렀어요.

고대 그리스는 이렇게 수많은 폴리스가 모여 이루어진 나라였는데, 폴리스는 비록 작은 도시였지만 저마다 독립적인 주권을 가지고 있는 독립 국가였어요.

폴리스 안에는 어떠한 것이 있었을까요? 중심부에는 아크로폴리스가 있었어요. 약간 높은 언덕으로, 적의 공격에 대비하기에 알맞은 곳이었어요. 사람들은 폴리스에서 섬기는 신을 모신 신전을 이곳에 만들었지요. 그 아래에는 아고라라는 광장이 있었는데, 이곳에서는 시장이 열리거나 시민들이 모여 국가의 중요한 일을 결정했답니다.

고대 그리스 사람들은 스스로를 '헬레네스', 자신들이 사는 땅을 '헬라스'라고 불렀지요. 자신들은 같은 조상인 헬레네로부터 나왔다고 믿었기 때문이었어요. 다른 민족은 야만인이라고 무시했어요. 비록 수많은 폴리스로 나뉘어져 있지만 그들은 하나의 민족이라는 공동체 의식이 강했어요. 그리고 제우스를 비롯한 올림푸스 12신이 자신들의 폴리스를 보호해 준다고 믿었어요. 그럼, 항상 사이좋게 잘 지냈을까요? 그들은 서로 경쟁하고 싸울 때도 많았어요.

폴리스의 인구가 늘어나면서 식량과 토지가 부족해지자 그리스 사람들은 에게 해 주변과 흑해 연안, 이탈리아 남부, 소아시아 등지에 식민 도시를 건설했어요. 오늘날의 이스탄불, 나폴리 등은 모두 그리스의 식민지였어요. 그리스 사람들은 이집트 해안과 바빌론에 가 교역을 했어요. 교역이 활발해지자 상공업도 발전했어요.

아크로폴리스
(아테네의 파르테논 신전)

폴리스에서 민주 정치가 발전하다

시민들이 직접 정치에 참여하다

그리스 본토에는 200개가 넘는 폴리스가 있었어요. 에게 해와 지중해 일대에 세운 식민 도시까지 합친다면 1,000개가 넘었어요. 그중 아테네와 스파르타가 가장 대표적인 폴리스였지요.

수많은 폴리스에 왕이 있었지만, 왕은 힘이 없었어요. 점차 왕을 내쫓고 귀족들이 정치를 하거나, 시민들이 정치를 이끄는 폴리스도 있었어요.

그리스를 세계 역사에서 높이 평가하는 이유는 오늘날의 민주 정치가 그리스의 아테네에서 시작되었기 때문이지요. 특히 아테네에서는 직접 민주 정치가 이루어졌어요. 직접 민주 정치란 시민들이 정치에 직접 참여한다는 뜻이에요. 폴리스의 중요한 일은 18세 이상의 아테네 시민들이 모두 민회에 모여 결정했어요. 민회에 참석한 시민은 누구나 자기 생각을 밝히고 투표할 수 있었어요.

투표를 통해 독재자가 나오는 것을 막기도 했어요. 시민들이 도자기 조각에 독재자가 될 가능성이 있는 정치가의 이름을 써 내면 숫자가 가장 많이 나온 사람을 나라 밖으로 쫓아냈지요. 그 사람은 10년 동안 돌아올 수 없었어요. 그리고 관리는 시민 가운데 뽑았고, 임기는 1년, 한 번밖에 할 수 없었기 때문에 시민이라면 누구에게나 골고루 기회가 돌아갔어요.

그렇지만 아테네의 민주 정치는 오늘날의 민주 정치와 다른 점이 있었어요. 오직 시민 계급의 남자만 정치에 참여할 수 있었다는 점이지요. 여자와 어린이, 외국인, 그리고 노예는 정치에 참여할 수 없었어요. 그래서 아테네의 민주 정치를 제한된 민주주의였다고 해요.

한편, 그리스 사람들은 스파르타가 그리스에서 가장 훌륭한 국가라고 생각했어요. 왜냐하면 사회가 매우 안정되어 보였기 때문이었지요. 스파르타에서는 귀족 정치가 이루어졌어요. 그리고 자유로운 분위기의 아테네와는 다르게 국가 체제와 생활 방식이 엄격했어요.

귀족 시민이 될 스파르타의 남자 아이들은 일곱 살이 되면 무조건 부모 곁을 떠나 국가가 세운 교육 기관에 들어가 엄격하고 혹독한 훈련을 받았어요. '스파르타식 교육'이란 말은 여기서 유래된 것이에요.

스파르타의 레오니다스 왕

폴리스가 힘을 합쳐 페르시아를 물리치다

기원전 400년경에 오리엔트 지역을 통일한 페르시아 제국이 그리스에 쳐들어왔어요. 그리스 식민 도시가 페르시아에 대항하여 반란을 일으켰는데 아테네가 이 도시를 도와주었다는 이유였어요. 지중해 세계를 놓고 그리스와 페르시아 제국이 싸움을 벌였지요.

세 차례에 걸쳐 페르시아가 에게 해를 건너 쳐들어왔어요. 엄청난 규모의 페르시아 군대에 비하면 아테네 군사의 수는 너무 적었어요. 겁에 질린 아테네군은 우왕좌왕했어요.

이때 한 정치가가 "아테네를 자유의 도시로 지키든지, 항복해서 노예가 되든지 여러분의 손에 달려 있소! 여러분은 노예가 되기를 원하는가?"라는 힘 있는 연설을 했어요. 용기를 낸 아테네는 스파르타 등 여러 폴리스와 연합하여 페르시아군에 맞서 싸웠어요. 그리고 마침내 페르시아 군대를 그리스 세계에서 몰아냈어요.

고대 그리스 문화가 서양 문화의 뿌리가 되다

만물의 근원을 찾다

고대 그리스에서는 자연과 인간에 대하여 연구하는 철학이 발달했어요. 그리스 철학자들은 만물의 근원을 탐구했는데, 이러한 학문을 자연 철학이라고 해요. 그리스 최초의 철학자인 탈레스는 만물의 근원을 '물'이라고 주장했어요. 철학자이자 수학자인 피타고라스는 직각 삼각형에서 빗변 길이의 제곱은 나머지 다른 두 변의 길이를 각각 제곱한 값을 합한 것과 같다는 '피타고라스의 정리'를 증명했어요. 그리고 철학자 데모크리토스는 만물의 근원은 더 이상 나눌 수 없는 원자이며, 세계는 무수한 원자로 결합되었다고 주장했지요.

인간과 사회에 관심을 갖다

페르시아와의 전쟁 뒤에 그리스 철학자들의 관심은 자연에서 사람과 사회로 기울어졌어요.

'너 자신을 알라.'는 말로 유명한 소크라테스는 나쁜 행동이나 잘못된 행동은 아는 것이 없는 데서 비롯된다고 주장하면서 이것을 깨우치려고 노력했어요. 그러나 아테네 정치가들은 소크라테스가 젊은이들을 타락시킨다는 이유로 법정에 세웠어요. 결국 소크라테스는 사형 선고를 받고 감옥에서 독약을 마시고 죽었지요.

소크라테스

소크라테스의 제자 플라톤은 현실은 이상의 그림자일 뿐이라는 '이데아론'과 나라는 철학자가 다스려야 한다는 '이상 국가론'을 주장했어요. 플라톤의 제자인 아리스토텔레스는 '인간은 사회적 동물'이라고 하면서 시민의 역할을 충실하게 지키는 것이 가치 있는 삶이라고 했지요. 그는 인문, 사회, 자연, 음악 등 여러 학문의 기초를 세워 중세 유럽의 철학과 근대 인문학의 발달에 큰 영향을 끼쳤어요.

플라톤

한편, 고대 그리스에서는 역사 서술도 발달했어요. '역사학의 아버지'라고 하는 헤로도토스는 어린 시절부터 여러 지역을 다니며, 그 지역의 역사, 종교, 풍속 등을 연구했어요. 그는 그리스와 페르시아의 전쟁 이야기를 담은 〈역사〉라는 책을 쓰면서 두 지역 사이에 전쟁이 일어나게 된 원인을 밝히려고 했지요.

아리스토텔레스

투키디데스는 아테네와 스파르타의 전쟁을 기록한 역사책인 〈펠로폰네소스 전쟁사〉를 썼어요. 그는 이 전쟁에 직접 참여한 경험을 바탕으로 정확한 사실을 비판적으로 기록함으로써 후세 역사가들의 모범이 되었어요.

조화와 균형 있는 아름다움을 추구하다

고대 그리스의 예술가들은 조화와 균형을 매우 중요하게 생각했어요. 건축가들은 신전을 많이 세웠는데, 대표적인 신전이 파르테논 신전이에요. 그리고 조각가들은 신과 인간의 모습을 아름답고 생동감 있게 표현했지요.

호메로스를 비롯한 작가들은 뛰어난 문학 작품들을 많이 남겼어요. 특히 호메로스는 〈일리아드〉와 〈오디세이〉를 썼는데, 트로이 전쟁을 주제로 한 이 작품들은 영웅과 신의 세계를 노래한 고전이에요. 호메로스의 작품은 고대 그리스 어린이들을 교육시키는 데 꼭 필요한 책이었어요.

그리고 연극, 특히 인간의 고통과 불행을 묘사한 비극이 발달했어요.

파르테논 신전

신도 인간의 감정을 가지고 있다?

그리스 사람들은 올림포스 산에 산다는 제우스 신을 비롯한 12신을 섬 겼어요. 그들은 신이 사람과 같은 모습이고, 같은 감정을 가졌으며, 능력 이 뛰어날 뿐만 아니라 죽지 않는다고 믿었지요. 그래서 어려운 문제를 해 결하거나 나라의 중요한 일을 결정할 때에는 신의 뜻을 물었어요. 그리고 신들을 위해 제전도 열었어요. 제전이 열릴 때에는 연극 공연, 행진, 올림 픽 경기 등의 행사를 벌였어요. 행사 가운데 가장 유명한 것이 올림픽 경 기였지요.

올림픽 경기는 제우스 신을 기리기 위해 시작되어 4년마다 열렸어요. 올림픽이 열리면 전쟁도 중지할 정도였으니, 그리스 사람들이 올림픽 경 기를 얼마나 중요하게 여겼는지 알 수 있지요.

포세이돈상(제우스상)

3장 고대 그리스와 로마

알렉산드로스가 동서 세계를 융합하다

알렉산드로스, 세계 정복에 나서다

고대 그리스의 폴리스들이 서로 다투며 쇠퇴의 길을 걷고 있을 때 그리스 북쪽 마케도니아 왕국이 새로운 세력으로 떠올랐어요.

마케도니아 왕국의 필리포스 왕은 기원전 338년에 아테네를 비롯한 폴리스의 연합 군대를 무찌르고 그리스 세계를 차지했어요.

필리포스의 아들 알렉산드로스는 어려서부터 철학자 아리스토텔레스로부터 그리스의 고전과 영웅들의 이야기를 듣고 자랐어요. 기원전 336년에 스무 살 청년 알렉산드로스는 아버지의 뒤를 이어 왕위에 올랐어요.

기원전 334년에 알렉산드로스는 필리포스의 뜻을 이어 페르시아 원정에 나섰어요. 당시 페르시아는 다리우스 3세가 다스렸는데, 예전과는 비교할 수 없을 만큼 쇠약해져 있었지요.

알렉산드로스와 애마 부세팔루스

알렉산드로스 군대와 페르시아의 대군이 맞부딪친 곳은 소아시아의 이수스였어요. 이수스 전투에서 페르시아 군대를 물리친 알렉산드로스는 페니키아를 휩쓸고 이집트까지 갔어요. 그리고 다시 아시아로 돌아와 페르시아 본토를 정복하고 아프가니스탄을 지나 인더스 강을 건너 펀자브 지역으로 쳐들어갔어요. 그러나 군사들이 더 이상의 원정을 거부하며 반란을 일으키자 원정을 중단하고 바빌론으로 돌아왔어요. 그 뒤 알렉산드로스는 기원전 323년에 병에 걸려 갑자기 죽었어요.

그가 정복한 지역은 서쪽으로는 마케도니아, 동쪽으로는 인더스 강, 남쪽으로는 이집트에 이르는 아주 넓은 지역이었지요.

알렉산드로스가 죽자 뒤를 이을 후계자가 없어 제국은 혼란에 빠졌어요. 알렉산드로스의 부하 장군들이 제국을 차지하려고 서로 싸움을 벌였고, 결국 마케도니아, 시리아, 이집트의 세 나라로 갈라졌어요.

와! 굉장히 넓은 지역에 걸친 나라였네요.

알렉산드로스는 그 당시 유럽에 알려진 대부분의 지역을 정복했다.

3장 고대 그리스와 로마

동서양의 문화를 하나로 묶어 내다

알렉산드로스의 꿈은 지중해와 오리엔트 세계를 하나로 통합하는 것이었어요. 그는 정복한 곳마다 새로운 도시를 세워 자신의 이름을 따 '알렉산드리아'라 하고, 그리스의 학자, 예술가, 상인들을 옮겨와 살게 했는데, 그런 도시가 많았어요.

알렉산드로스 대왕은 그리스 인과 페르시아 인의 결혼을 적극 장려해 그리스 병사 9,000명과 동방 여인들이 합동 결혼식을 올리기도 했어요. 알렉산드로스 자신도 다리우스 3세의 딸을 아내로 맞았지요. 그리고 알렉산드로스는 페르시아 청년들을 그리스 식으로 교육시키는 한편, 페르시아의 문물도 적극적으로 받아들였어요. 이러한 그의 동서 융합 정책은 새로운 문화를 낳았는데, 이것을 '헬레니즘 문화'라고 해요.

라오콘 군상

이 작품은 사실적인 육체 표현도 뛰어나고 무엇보다 죽음 직전의 인간의 고통스러움을 극적으로 표현했다고 해요.

사모트라케의 니케상

헬레니즘 문화는 그리스 과학의 영향을 받아 수학, 천문학, 의학 등 자연 과학이 발달했어요. 그리고 이때 사실적이고 생동감 넘치는 조각들이 많이 만들어졌지요. 이러한 문화적 경향은 로마를 통해 서유럽으로 전해졌고, 인도에도 영향을 미쳐 '간다라 미술'이라는 그리스식 불교 미술이 등장했지요.

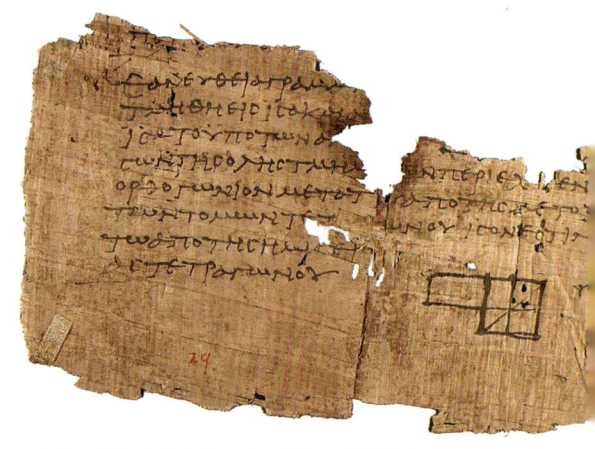

이집트에서 발견된 유클리드의 〈기하학 원본〉 중 일부

알렉산드로스 대왕의 도시, 알렉산드리아

알렉산드로스는 정복하는 곳곳에 자신의 이름을 딴 계획 도시인 '알렉산드리아'를 세웠어요. 그중 가장 유명한 도시는 기원전 332년에 세운 이집트의 알렉산드리아예요. 이곳에는 왕궁, 신전, 등대 등을 두었어요. 그리고 이곳 항구에서 인도, 아라비아, 아프리카의 생산품과 이집트의 생산품이 지중해 각 지역으로 보내졌어요.

이집트의 알렉산드리아

이집트의 알렉산드리아는 그리스 철학과 자연 과학이 전파되어 동양 문화와 어우러지면서 헬레니즘 문화 발달의 중심지 역할을 했고, 상업 도시로 성장했어요. 그곳에는 당시 가장 큰 도서관이 세워지기도 했지요. 그리고 왕실 부속 연구소가 세워져 문화 발전의 중심지가 되었어요. 오늘날 이집트의 알렉산드리아는 100만 명이 거주하는 대도시로 발전했답니다.

로마, 도시에서 제국으로 발전하다

로마에서 공화 정치가 이루어지다

기원전 753년에 로물루스 형제가 이탈리아 테베레 강 언덕에 작은 도시 국가를 세웠어요. 전설에 따르면, 형제는 늑대의 젖을 먹고 컸다고 해요.

초기에 로마는 왕이 다스리는 도시 국가였어요. 그 뒤 왕이 쫓겨나고 귀족 중에서 뽑힌 행정 책임자인 2명의 집정관과 입법 기관이자 자문 기관 원로원이 정치를 주도했는데, 이 체제를 공화정이라고 해요. 처음에는 귀족들이 관직을 모두 차지했어요. 그래서 불만이 컸던 평민들이 귀족들에 맞서 싸워 기원전 494년에 평민회를 만들고, 그들의 대표자인 호민관을 뽑는 등 권리를 높였어요. 점차 평민들은 귀족과 동등한 권리를 가지게 되었지요.

늑대의 젖을 먹고 있는 로물루스 형제 조각

카르타고의 유적

서기 100년대 초반의 로마 제국

로마가 지중해를 차지하다

로마는 국력이 점점 커지면서 지중해 지역으로 세력을 넓혔어요. 이때 지중해 지역을 지배하고 있던 나라는 카르타고였어요. 카르타고는 페니키아 사람들이 북아프리카에 세운 식민 도시였지요. 로마는 지중해를 차지하려고 카르타고와 기원전 264년부터 기원전 146년까지 세 차례나 싸웠어요. 이 전쟁을 '포에니 전쟁'이라고 해요.

첫 번째 싸움은 로마가 이겼어요. 두 번째 싸움에서는 복수의 칼을 갈던 카르타고의 장군 한니발이 10만 군사를 이끌고 쳐들어왔지요.

한니발은 에스파냐에서 훈련시킨 군대와 코끼리 부대를 이끌고 피레네 산맥과 눈 덮인 알프스를 넘어 로마에 도착했어요. 처음에는 한니발이 로마를 크게 이겼어요. 그러자 위기에 빠진 로마가 한니발이 없는 카르타고를 공격했어요. 한니발은 카르타고를 구하러 달려갔지만, 결국 지고 말았어요. 세 번째는 로마가 먼저 카르타고로 쳐들어갔어요. 4년에 걸친 공격 끝에 카르타고의 성벽은 무너지고, 도시는 잿더미로 변했지요.

이제 지중해는 로마의 것이 되었고, 작은 도시 국가였던 로마는 이탈리아 반도를 통일하고 지중해 세계를 지배하는 강대국이 되었어요.

로마 공화정이 무너져가다

거듭되는 승리로 로마에는 풍요로움이 넘쳤어요. 정복한 지역에서 수많은 재물과 노예를 들여오고, 세금도 많이 거두어들였어요. 그러자 무거운 세금에 정복지 주민들이 반발하고, 가혹한 노동에 시달리던 노예들도 대규모 반란을 일으켰어요. 전쟁으로 넓어진 땅은 대부분 장군이나 귀족의 차지가 되었어요. 이들은 전쟁 포로를 노예로 삼아 대농장을 경영했어요. 그러나 전쟁에 나간 농민들의 땅은 돌보지 않아 황폐해졌어요. 게다가 정복지에서 값싼 식량이 쏟아져 들어와 농사를 지어도 도움이 되지 않았어요.

호민관으로 뽑힌 그라쿠스 형제는 부유한 사람의 토지 소유를 제한하고 가난한 농민에게 토지를 나누어 주어 몰락한 농민들을 구제하는 개혁을 추진했어요. 그러나 귀족들이 크게 반대했고, 개혁을 추진하던 그라쿠스 형제는 살해되었어요.

옥타비아누스, 로마 제정을 세우다

혼란에 빠진 로마를 안정시킨 사람은 카이사르였어요. 그는 오늘날 프랑스 땅인 갈리아를 정복한 후 그의 세력 확대를 두려워한 원로원의 귀환 명령을 받았어요. 이에 반발한 카이사르는 로마로 진격했지요. 그리고 내전을 치르고 정권을 장악한 후 개혁을 추진했어요. 로마의 시민들은 그를 열렬하게 지지했지만 이후 그는 황제와 같은 권력자가 되어 독재 정치를 했어요. 공화정을 유지하려는 사람들은 그를 매우 위험한 인물로 여겼지요. 결국 카이사르는 살해당하고 말았어요.

카이사르

카이사르가 암살된 후 후계자인 옥타비아누스가 경쟁자들을 물리치고 로마의 지배권을 차지했어요. 옥타비아누스는 원로원으로부터 '존엄한 자'라는 뜻인 '아우구스투스'와 '개선 장군'이라는 뜻인 '임페라토르'의 호칭을 받았어요. 기원전 27년에 그는 로마 최초의 황제가 되었는데, 이때부터 로마는 황제가 다스리는 제정 시대로 접어들었어요.

'주사위는 던져졌다'라는 말의 의미는?

이 말은 로마의 공화정 말기에 정치 혼란이 계속되고 카이사르와 귀족들이 서로 대립하는 과정에서 협상이 이미 깨졌다는 것을 직감한 카이사르가 로마 진격을 앞두고 한 말이에요. 내전만은 피하고자 했던 카이사르는 자신의 노력이 실패하자 로마 진격을 위해 갈리아에서 로마로 들어가는 루비콘 강을 건너며 자신의 병사들 앞에서 "이미 주사위는 던져졌다."라고 연설했지요. 이것은 결단을 돌이킬 수 없음을 의미하는데, 우리 속담 중 '엎질러진 물'이라는 말과 같은 뜻이에요.

3장 고대 그리스와 로마

크리스트교와 로마 제국이 만나다

황제가 다스리는 제정이 발전하다

아우구스투스는 카이사르처럼 죽고 싶지 않았어요. 그래서 스스로를 '로마 제1의 시민'이라 하고, 원로원과 같은 공화정 때의 기구를 그대로 유지했어요. 그리고 정치에 많은 노력을 쏟았고, 수도 로마를 살기 편한 도시로 만들었어요. 그는 스스로 "벽돌의 로마를 넘겨받아 대리석의 로마로 남겼다."라고 하며 자랑스럽게 여겼지요.

아우구스투스 이후 약 200년 동안 로마 제국은 번영을 누렸어요. 이 시기를 '팍스 로마나(로마의 평화)'라고 해요. 특히 5명의 현명한 황제가 잇따라 등장한 '5현제 시대'에 로마 제국은 최고로 발전했지요.

로마 제국의 영토는 서쪽으로는 브리타니아(오늘날의 영국), 동쪽으로는 티그리스 강과 유프라테스 강 유역, 남쪽으로는 아프리카의 사하라 사막, 북쪽으로는 루마니아까지 넓어졌어요.

넓어진 영토 안의 각 지역들은 지중해의 뱃길과 로마 군대가 닦아 놓은 도로를 통해 연결되면서 상업이 눈부시게 발달했어요. 인도양을 건너 인도의 향료와 보석을 사들였고, 비단길을 통해 중국의 비단을 수입했지요.

 그러나 로마의 평화는 '빵과 서커스'로 유지되었어요. 농토를 잃고 몰락한 농민들이 도시로 몰려들자 황제는 이들에게 빵을 주고, 콜로세움에서 검투사 경기를 공짜로 보여 주었으며, 공중목욕탕을 이용하게 했어요.

 강대한 로마 제국도 200년대에 접어들면서 곳곳에서 쇠퇴의 조짐이 나타나기 시작했어요. 군대의 힘이 점점 강해져 속주를 지키던 군인들이 황제를 마음대로 바꾸거나 스스로 황제가 되었는데, 이 시대를 '군인 황제 시대'라고 해요.

 50년 정도 이어진 이 시기에 26명의 황제가 즉위했으니, 로마 제국이 얼마나 혼란스러웠는지 짐작할 수 있겠지요.

로마의 중심지였던 포로 로마노 유적

폼페이 유적에서 발굴된 귀족들의 연회 장면을 그린 벽화이 틈을 타 로마 제국 주변에 살던 게르만 족이 로마의 국경 지대로 내려왔어요. 게르만 족은 처음에는 로마 인 지주에게 고용되거나 돈을 받고 로마 군대에 들어갔어요. 게르만 족 중에서는 로마 군대에서 사령관이 된 사람도 꽤 있었답니다.

전성기를 다시 이루고자 노력하다

200년대 말에 디오클레티아누스 황제는 페르시아처럼 왕이 통치권을 모두 갖는 전제 군주제를 확립했어요. 이어 즉위한 콘스탄티누스 황제는 수도를 콘스탄티노폴리스로 옮기는 등 무너져 가는 로마 제국을 일으켜 세우려고 많은 노력을 했지요.

한편, 로마에서는 예수 그리스도가 일으킨 크리스트교가 널리 퍼지고 있었어요. 그런데 로마 황제들은 로마의 신과 황제를 섬기지 않는다고 크리스트교도를 탄압했지요. 크리스트교도는 박해를 피해 로마 시민들이 공동묘지로 사용하던 카타콤에서 몰래 종교 모임을 가졌어요. 혹독한 탄압에도 크리스트교도의 수는 점점 늘어났어요.

그래서 콘스탄티누스 황제는 크리스트교의 힘을 빌려 로마의 도덕적 타락을 막으려 했어요. 313년에 크리스트교를 인정한다는 밀라노 칙령을 발표했지요. 이후 크리스트교는 테오도시우스 황제 때인 392년에 로마 제국의 국교가 되었어요.

콘스탄티누스가 세운 개선문

하지만 로마 제국은 날로 쇠퇴하여 테오도시우스 황제가 죽은 395년에는 동로마와 서로마로 나뉘었어요. 그 뒤 서로마 제국은 476년에 게르만족 용병 대장에게 멸망했고, 동로마 제국은 이후에도 1000년 동안 비잔티움 제국이라는 이름으로 이어졌어요.

3장 고대 그리스와 로마

모든 길은 로마로, 로마에서는 로마법을!

로마 제국의 공중화장실

실용적인 문화가 발달하다

로마 사람들은 그리스 문화를 받아들이고, 그 문화를 지중해 세계로 전파했어요. 그리고 정복한 지역의 다양한 문화를 흡수해 실용적인 문화를 발전시켰어요. 특히 법률, 건축, 토목 분야에서 매우 뛰어난 업적을 남겼답니다.

로마는 넓은 제국을 효과적으로 다스리고 사회 질서를 유지하기 위해 법을 만들었어요. 로마가 도시 국가일 때에는 전해지는 관습을 12개의 청동 판에 새긴 12표법이 있었어요. 이후 로마가 제국으로 커지면서 로마 시민과 정복지 주민에게 똑같이 적용되는 만민법으로 발전했지요. 이러한 로마법은 동로마 제국(비잔티움 제국)의 유스티니아누스 황제의 명령에 따라 정리되어 〈유스티니아누스 법전〉으로 완성되었어요. 이 법전은 세계 3대 법전의 하나로 꼽히고 있어요.

도로와 거대한 건축물을 세우다

로마 제국은 잘 짜인 도로망으로 제국의 모든 지역이 연결되어 있었어요. 도로는 군대의 이동, 세금 운송, 상품 운반, 문화 교류 등에 큰 도움이 되었지요. 로마 제국 내 도로의 총 길이가 8만 5천 km였다고 해요. '모든 길은 로마로 통한다.'는 말이 생각나지요?

로마 사람들은 도시에 물을 공급하기 위해 필요한 수도교와 콜로세움, 공중목욕탕, 전쟁 승리를 기념하는 개선문과 같은 거대한 건축물을 많이 세웠어요.

건축물 가운데 가장 잘 알려진 것이 콜로세움이에요. 로마 제국의 통치자들은 로마 시민들에게 즐거움을 주기 위해 이곳에서 연극, 검투사 경기 등 큰 행사를 열었어요. 콜로세움은 타원 모양의 4층짜리 건물인데, 둘레가 527m, 높이가 48m로, 5만 명이 들어갈 수 있었답니다. 경기장과 관람석으로 이루어져 있으며, 지하에는 동물 우리와 검투사들이 머무는 막사가 있었어요. 무대 장치를 올렸다 내렸다 할 수 있는 기계 장치도 있었다니 놀랍지요.

콜로세움

유럽 문화의 기반을 이루다

로마 사람들은 그리스와 접촉하면서 그리스 신들을 받들게 되었어요. 그래서 그리스 신들에게 로마식 이름을 붙이고 신전도 세웠지요. 또 문학도 그리스의 영향을 받아 작가들은 그리스 작품을 소개하거나 그리스 문학의 형식에 따라 작품을 썼어요.

로마 제국의 넓은 영토, 정치 체제, 문화는 서구 문명의 발전에 큰 영향을 끼쳤어요. 제국의 동부에서는 헬레니즘 문화의 전통을 보존했으며, 그리스 어를 공통어로 사용했어요. 그리고 서부에서는 카이사르의 갈리아 정복 이후 라틴 문화가 발달했지요. 그 기반 위에서 유럽이라는 새로운 세계가 탄생했답니다.

문화이야기

죽음의 도시, 폼페이

이탈리아 남부에 있던 폼페이는 로마 제국 당시 인구 2만 명이 살던 아름답고 부유한 도시였어요. 그러나 79년에 근처의 베수비오 화산이 폭발하면서 죽음의 도시로 변했어요. 로마 시대의 모습을 그대로 간직한 채 오랫동안 화산재에 묻혀 있던 폼페이는 1700년대에 학자들에 의해 발굴되었지요.

발굴된 폼페이 유적에는 신전, 관공서, 공중목욕탕, 극장, 집과 가게들이 있었어요. 포장된 도로가 있었고, 벽신문에는 선거와 상품 광고, 공연물 예고 등이 남아 있었어요. 또 사람을 욕하는 말, 소문 등을 적은 낙서도 발견되었지요.

폼페이 유적의 사원과 베수비오 산

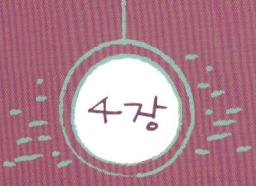

4장

220년
중국, 삼국 시대

320년
인도, 굽타 왕조 건국

589년
수나라, 중국 통일

618년
중국, 당나라 건국

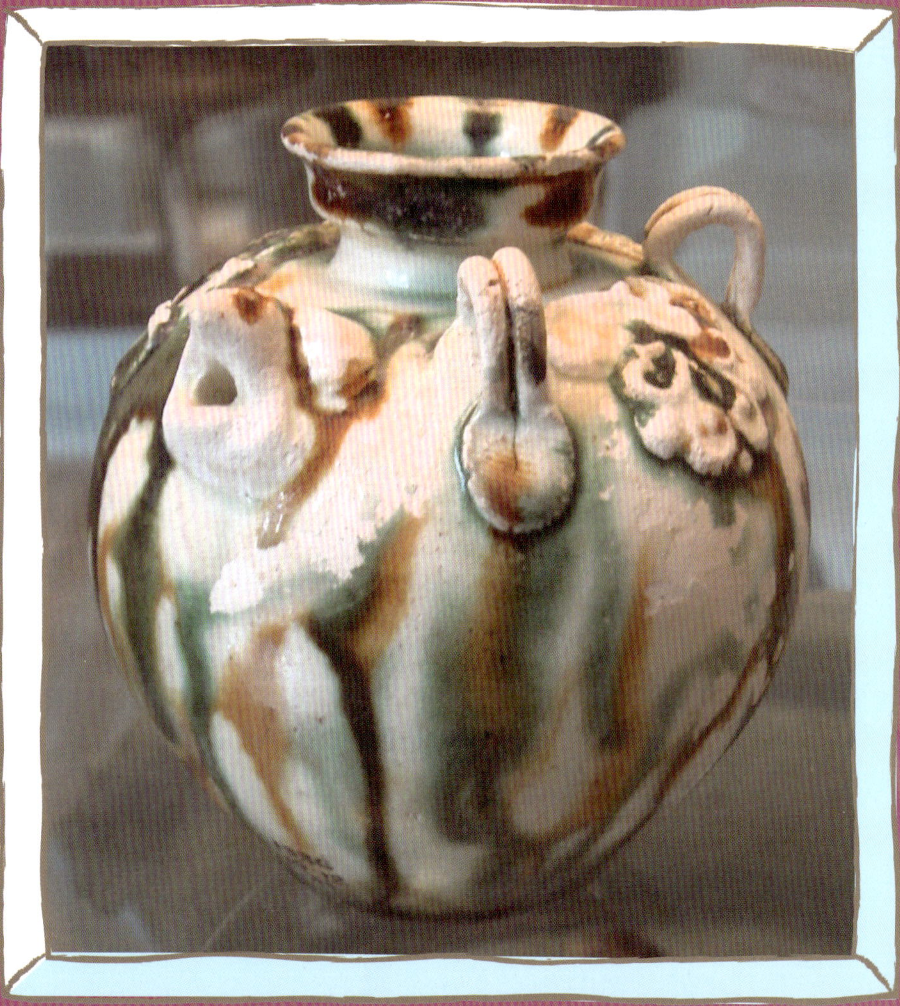

아시아 세계의 발전

동서양을 넘나들며 유라시아 초원을 지배하던 북방 민족은
아시아의 역사를 새롭고 풍요롭게 만들었어요.
특히 몽골 제국의 활약으로 유럽과 아시아가 연결되는 새로운 세계사가 시작되었어요.
인도에서는 굽타 왕조가 인도 고전 문화의 황금시대를 열었어요.
그 뒤 인도는 이슬람교를 받아들였지요.
중국에서는 유목 민족과 농경 민족이 어우러져 수·당 제국을 이루었고,
고려, 일본, 요, 금, 원 등 아시아 각 나라들 사이에서 이루어진 교류와 다툼은
동아시아 세계의 모습을 다양하게 했어요.
인도차이나 반도 일대에서도 고대 국가들이 속속 모습을 드러냈지요.

645년
일본, 다이카 개신

960년
중국, 송나라 건국

1192년
일본, 가마쿠라 막부 수립

1206년
칭기즈 칸, 몽골 통일

굽타 왕조, 인도 고전 문화의 황금기를 이루다

굽타 왕조가 발전하다

320년 무렵에 찬드라굽타 1세가 인도 북부 지방을 통일하고 굽타 왕조를 세웠어요. 찬드라굽타 1세는 수도인 파탈리푸트라를 중심으로 서쪽으로는 힌두스탄 평원을 차지하고, 아라비아 해에 이르는 지역까지 진출했어요. 남쪽으로는 데칸 고원의 여러 나라를 물리쳤어요. 그는 데칸 고원을 차지하기 위하여 경쟁 세력의 딸을 왕비로 맞았고, 또 다른 경쟁자에게는 자기 딸을 시집보내는 등 정략적인 결혼 정책도 썼어요.

3대 왕인 찬드라굽타 2세는 더 많은 영토를 얻었어요. 그의 위세에 남인도의 여러 나라들은 굽타 왕조에 복종을 맹세했지요.

그리고 그는 힌두교의 신을 빌려 자신의 권위를 높이려고 했어요. 뒤를 이은 왕들도 스스로 신의 후계자이자 만물을 이끄는 신이라고 여겼어요.

한편, 굽타 왕조 시대에는 육로와 바닷길을 통해 상업과 무역 활동이 활발했어요. 인도의 동부와 남동 해안에서는 중국을 비롯한 여러 나라와 무역을 했지요. 아라비아 해안을 통해 수출된 진주, 향신료, 후추, 상아 제품 등은 페르시아와 유럽에서 인기를 끌었어요. 중국의 비단도 인도에서 널리 팔렸어요.

힌두교가 성장하고, 고전 문화를 형성하다

굽타 시대에는 아리아 인의 고유한 문화를 계승하자는 운동이 일어났어요. 특히 여러 종교를 받아들여 브라만교를 개혁한 힌두교가 주요 종교로 성장하여 크게 발전했지요. 그래서 힌두 문화가 꽃을 피웠고, 카스트제가 강화되어 신분의 구별은 더욱 엄격해졌어요.

문학에서는 〈라마야나〉와 〈마하바라타〉의 2대 대서사시가 완성되었어요. 〈마하바라타〉는 예로부터 전해 오던 신화적인 이야기를 정리한 것인데, 인도의 역사와 인도 사람들의 생각, 힌두교의 정신까지 모두 담고 있지요.

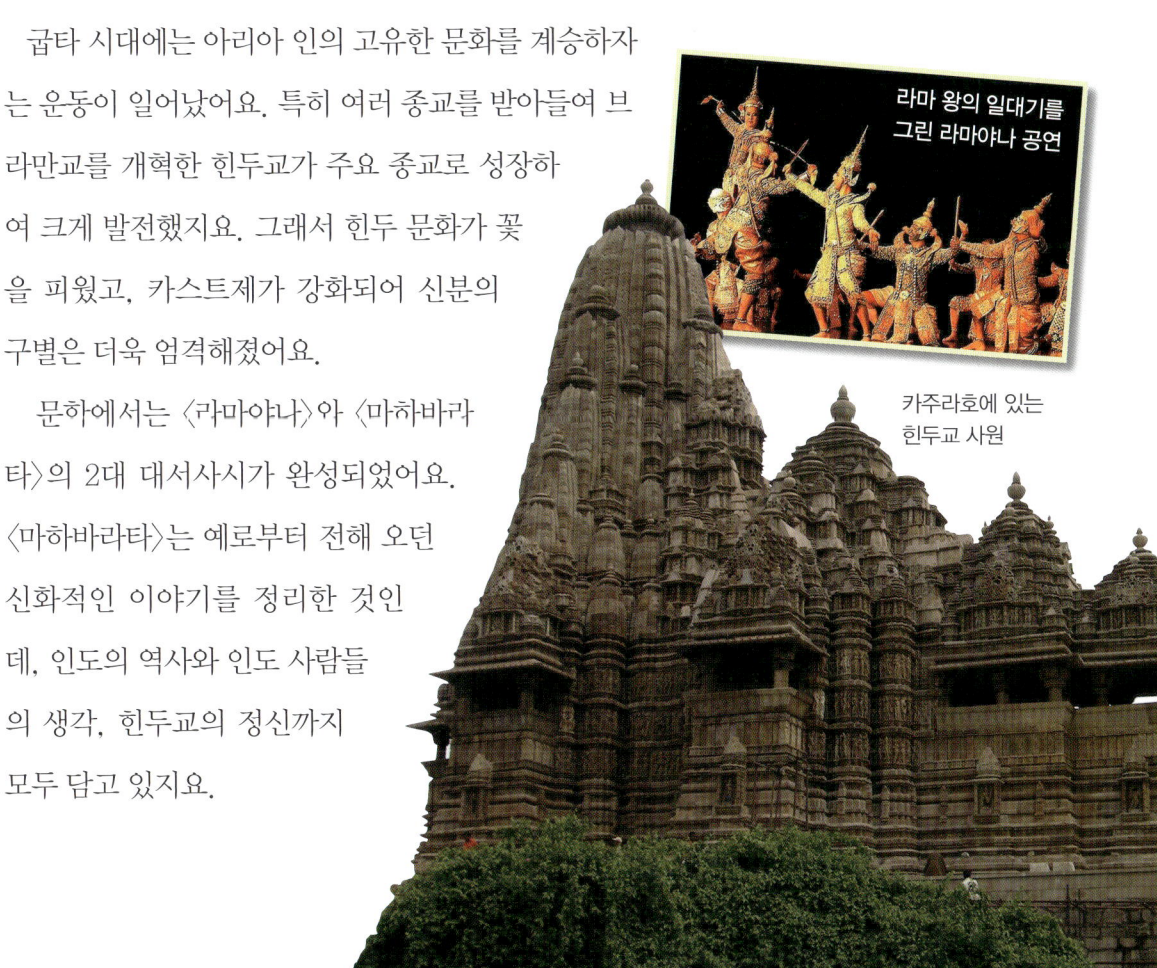

라마 왕의 일대기를 그린 라마야나 공연

카주라호에 있는 힌두교 사원

그리고 극작가 칼리다사는 극시 〈샤쿤탈라〉를 지었어요. 칼리다사는 고대 인도의 최고 시인으로, 찬드라굽타 2세가 아주 아꼈던 시인이었어요. 그의 시는 매우 우아하여 많은 사람들이 그의 작품을 흉내 냈는데, 독일 문학가 괴테의 시에도 인용될 만큼 뛰어났답니다.

미술에서는 굽타 양식이 등장하였는데, 이것은 간다라 양식과 인도 고유의 특색이 합쳐진 것이에요. 아잔타와 엘로라 석굴 사원의 불상과 벽화가 굽타 양식의 대표적인 작품이에요. 굽타 양식은 중국, 우리나라, 일본에도 전해졌어요.

한편, 굽타 시대에는 수학, 천문학, 의학, 약학 같은 자연 과학에 대한 관심도 컸어요. 수학자이자 천문학자인 아리아바타는 원의 지름에 대한 둘레의 비인 원주율을 약 3.14159로 계산하여 지구 둘레를 측정했으며, 지구가 둥글고 스스로 돈다고 주장했어요.

아잔타 석굴 사원

수학에서는 특히 인도 고유의 '비어 있음'이라는 개념을 바탕으로 '0'이라는 숫자가 나왔어요. 그리고 인도 사람들은 무한대(∞)의 개념도 만들어 냈어요.

굽타 시대의 자연 과학은 이슬람의 자연 과학 발달과 유럽 근대 과학 발전에 큰 영향을 주었어요.

힌두교는 어떤 종교인가요?

'힌두'라는 말은 인더스 강을 뜻하는 페르시아 어로, '인도'와 같은 의미예요. 그러니까 힌두교는 '인도의 종교'를 뜻하는 것이지요.

힌두교는 다른 종교와 달리 창시자가 없어요. 즉 인도인의 삶과 역사 속에서 자연스럽게 만들어진 종교로, 세계에서 가장 오래된 종교예요. 인도의 각종 향료를 합친 것이 카레라고 한다면, 인도에 있는 종교를 합친 것이 힌두교인 셈이지요.

힌두교의 신은 이 세계의 창조자인 브라흐마, 이를 유지하는 비슈누, 파괴하는 시바 신이 중심을 이루고 있지요. 그리고 인도인은 갠지스 강을 숭배하는데, 비슈누 신의 발뒤꿈치에서 나오는 물이 갠지스 강물이라고 여기고 있기 때문이에요.

4장 아시아 세계의 발전

힌두교의 나라에 이슬람 왕조가 들어서다

이슬람 세력이 인도에 들어오다

굽타 왕조가 약해지면서 북인도는 여러 왕국으로 나뉘어 혼란스러웠어요. 이 틈을 타 이슬람 세력이 인도에 들어오기 시작했어요. 처음에 온 이는 이슬람 상인들이었어요. 그들은 인더스 강 하류의 신드 지방에 머물며 힌두 왕국과 교역을 하거나 약탈을 하면서 이슬람교를 전하는 정도였어요. 이슬람 세력이 본격적으로 인도에 들어오기 시작한 것은 900년대 말이에요. 그들은 중앙아시아에 살면서 이슬람교를 믿게 된 튀르크 족이었어요. 튀르크 족 일부는 아프가니스탄의 가즈니에 왕조를 세웠는데, 이를 가즈니 왕조라고 해요. 가즈니 왕조의 술탄 마흐무드는 열일곱 번이나 인도를 공격해 많은 재물을 빼앗고 힌두교 신전을 파괴했지요. 그의 침략 목적은 영토를 늘리는 것보다는 이슬람교를 퍼뜨리고 보물과 노예를 얻는 데 있었어요.

델리를 중심으로 이슬람 왕조가 등장하다

가즈니 왕조가 북인도 지역을 차지한 이후 이슬람 세력의 인도 침략은 더욱 잦아졌어요. 북인도 지역에는 점차 이슬람교와 이슬람 문화가 자리를 잡아 갔어요.

1206년 아이바크가 인도 북쪽의 델리를 수도로 이슬람 왕조를 세웠어요. 튀르크 계통의 이슬람 왕들은 무예가 뛰어난 노예를 자신의 부하로 삼기도 했어요. 아이바크 또한 노예 출신으로 자신을 산 왕에게 충성을 다 했어요. 왕의 인정을 받았던 그는 왕이 죽음을 당하자 왕의 자리에까지 올랐지요.

아이바크가 세운 왕조는 아이바크를 비롯해 후계자, 지배 계급이 모두 튀르크 계통의 노예 출신이거나 그의 후손이었기 때문에 '노예 왕조'라고 해요. 델리를 중심으로 세력을 키운 노예 왕조의 지배자들은 이슬람 세력의 중심지인 바그다드의 칼리프로부터 '술탄'의 칭호를 받음으로써 자신의 지위를 굳혔어요.

노예 왕조에서부터 무굴 제국이 등장하기까지 300여 년간 델리를 수도로 삼은 이슬람 왕조를 통틀어 '델리 술탄국'이라고 해요. 델리 술탄국에는 노예 왕조 등 다섯 개의 왕조가 일어났는데, 이들은 인도에 이슬람교를 전하는 데 힘썼어요.

델리 술탄국의 통치자들은 승리를 뽐내려고 델리의 이곳저곳으로 옮겨 가며 성벽을 세우고, 거대한 이슬람 사원도 세웠어요. 그중 아이바크가 세운 쿠트브 미나르가 가장 유명하답니다.

가즈니 왕조는 힌두교 신전을 파괴하고 약탈을 일삼으며 이슬람교를 강요했어요. 또 힌두교나 자이나교의 종교 의식을 금지했지요. 죄를 용서하는 대신 포로나 죄인들을 이슬람교로 개종시키기도 했어요.

반면 델리 술탄국의 이슬람 왕조는 힌두교 행사를 눈감아 주었어요. 델리 술탄국의 관대한 종교 정책은 힌두교와 카스트제로 차별을 받던 인도 하층민들에게 환영을 받았어요. 알라 앞에서는 모두가 평등하다는 이슬람교의 교리가 그들의 마음을 사로잡았지요. 이슬람의 '인간 평등' 교리는 인도뿐만 아니라 다른 지역을 정복할 때에도 큰 힘이 되었어요. 이슬람의 지배를 받던 북인도에서는 힌두 문화와 이슬람 문화가 자연스레 어우러지게 되었답니다. 그리고 북인도에는 중앙아시아나 서남아시아 출신 이슬람교도들도 많이 옮겨 와 살게 되었어요.

이처럼 이슬람 세력이 인도를 지배했지만, 인도 사회의 중심 종교인 힌두교를 완전히 변화시키지는 못했어요. 특히 남인도에는 힌두 왕국이 큰 세력을 유지하고 있었어요.

쿠트브 미나르

수나라가 다시 중국을 통일하다

삼국 시대가 전개되다

한나라가 멸망하기 전에 북쪽 지방인 화북에는 조조, 강남에는 손권, 쓰촨에는 유비가 세력을 떨쳤어요. 조조는 재빠르게 화북 지방에서 세력을 잡고 위나라를 세웠어요. 손권은 기름진 평야 지대에 오나라를 세웠고, 유비는 제갈량을 얻은 뒤에 촉나라를 세웠어요. 이때를 '삼국 시대'라고 해요.

이에 앞서 중국 통일의 꿈을 이루려던 조조는 백만 대군을 이끌고 손권을 공격했어요. 위기에 빠진 손권은 제갈량의 계책에 따라 유비와 연합 작전을 폈어요. 손권과 유비의 연합군은 양쯔 강이 흐르는 적벽에서 조조의 백만 대군을 크게 물리쳤지요. 이것이 바로 적벽 대전이랍니다.

'적벽'이라는 글자가 쓰인 바위

유비도 제갈량과 함께 중국 통일의 꿈을 이루려고 여러 차례 조조를 공격했으나 번번이 실패하고 말았어요. 결국 제갈량이 죽은 뒤에 유비의 촉나라는 조조의 위나라에 항복하고 말았어요. 그 뒤 제갈량과 맞대결을 폈던 위나라의 장수 사마의의 손자 사마염이 위나라를 무너뜨리고 진나라를 세웠어요. 진나라는 남은 오나라를 쳐서 삼국을 통일했는데, 이때가 280년이에요.

분열의 시대가 다시 시작되다

삼국을 통일한 진나라 무제 사마염은 새 왕조의 기틀을 다졌어요. 그러나 그 뒤를 이은 왕이 무능해 진나라는 왕권 다툼에 휩싸이게 되었어요. 왕권을 차지하려는 세력은 싸움을 잘하던 북쪽의 유목 민족을 끌어들이기도 했어요. 결국 진나라는 유목 민족에게 멸망했지요.

진나라의 귀족들은 유목 민족의 침입을 피해 양쯔 강 이남의 강남으로 피난 갔어요. 강남은 기후가 따뜻하고 땅이 기름지고 넓었지요. 그곳에서 사마예가 다시 진나라를 세웠어요. 이 나라를 '동진'이라 하고, 이전의 사마염이 세웠던 진나라를 '서진'이라고 해요. 그러나 동진의 황제나 귀족들은 정치에는 관심이 없었고, 오로지 사치와 낭비만을 일삼았을 뿐이에요.

한편, 황허 강 이북 화북 지방에는 흉노, 갈족, 강족, 저족, 선비족 다섯 유목 민족이 많은 나라를 세웠는데, 이때를 '5호 16국 시대'라고 해요. 유목 민족은 중국을 지배하기 위해 예로부터 중국에서 살아 온 한족과의 융합에 힘썼으며, 한족의 발달된 정치 제도를 배우는 데 많은 노력을 했어요. 그러나 유목 민족의 소박하고 씩씩한 문화도 간직했지요.

룽먼 석굴 전경

439년에 북위라는 나라를 세운 효문제가 중국의 화북 지방을 하나로 통일했어요. 이때 강남에 있던 왕조들을 '남조'라 하고, 화북을 중심으로 한 왕조들을 '북조'라고 해요. 그리고 삼국 시대부터 남조와 북조 시대까지를 통틀어 '위·진·남북조 시대'라고 하지요.

수나라, 다시 중국 통일을 이루다

589년에 남북조 시대를 끝내고 중국을 통일한 사람은 수나라의 문제 양견이에요. 문제는 새로운 법령을 만들고, 정치 제도를 정비했어요. 그리고 유능한 관리를 시험으로 뽑는 과거 제도를 처음으로 실시했어요.

문제에 이어 황제의 자리에 오른 양제는 강남과 화북 지방을 잇는 대운하를 건설했어요. 대운하 건설로 강남의 풍부한 물품을 화북에 있는 수도와 변방의 군대로 쉽게 운반할 수 있게 되었지요. 한편, 양제는 고구려 원정에 온 힘을 기울였어요. 그런데 세 차례에 걸친 고구려 원정은 번번이 실패했지요. 대규모 토목 공사와 잦은 원정 등에 대한 백성들의 불만이 폭발하여 결국 수나라는 38년 만에 멸망하고 말았어요.

당나라, 동아시아의 최강국이 되다

수나라를 몰아내다

당나라를 세운 이연은 수나라의 양제와 이종 형제 사이였어요. 양제의 통치가 가혹해져 농민들은 곳곳에서 불만을 품고 들고 일어났어요. 이연은 이를 기회로 수도 장안을 점령하고 황제의 자리에 올랐는데, 이때가 618년이에요.

이연에게는 이세민이라는 아들이 있었어요. 이세민은 아버지가 나라를 세우는 데 큰 공을 세웠어요. 그런데 그는 황태자인 형과 황제의 자리를 놓고 다투었고, 결국 형과 아우를 죽이고 황태자의 자리를 차지했어요. 그리고 곧 황제에 올랐지요. 그가 태종이에요. 태종은 정치가로서 탁월한 능력을 발휘했어요. 그가 정치를 잘할 수 있었던 것은 왕조를 지키는 방법을 알려 준 위징과 같은 훌륭한 신하가 곁에 있었기 때문이었어요.

당나라 태종

태종은 중국 북쪽 지역에 살던 돌궐을 물리치고 영토를 넓혔어요. 그러나 한반도의 고구려 침략은 번번이 실패했지요.

태종이 죽은 뒤에 고종이 황제가 되었으나 몸이 약하여 정치를 제대로 할 수 없었어요. 그래서 고종의 황후였던 무후가 남편을 대신하여 정치를 했어

측천무후

요. 무후는 정치 수완과 추진력이 매우 뛰어난 여인이었어요. 신라와 연합하여 백제와 고구려를 무너뜨린 것도 무후가 권력을 잡았을 때였답니다. 무후는 두 아들을 황제에 올려놓았다가 폐위를 시킨 뒤 스스로 황제가 되었어요. 이 여인이 중국 역사상 처음이자 마지막 여성 황제인 '측천무후'예요. 중종의 아내인 위 황후도 시어머니인 측천무후처럼 권력을 잡으려고 했지만, 현종(중종의 조카)이 군사를 일으켜 위 황후를 없앴어요.

제도를 완성하고 주변국에 영향을 주다

당나라 때에는 남북조 시대부터 만들어진 정치 제도의 대부분이 완성되었어요. 중앙에 상서성, 문하성, 중서성의 3성과 이부·호부·예부·병부·공부·형부의 6부를 두었어요.

그리고 군사, 토지, 세금 제도를 다듬고, 수나라에서 마련한 과거 제도를 시행했어요. 과거 제도는 우리나라를 비롯해 일본, 베트남에도 전해져 관리를 뽑는 데 쓰였어요.

한편, 당나라는 외국인에게 개방적인 정책을 폈어요. 그래서 수도 장안은 외국의 유학생이나 상인들이 많이 찾아왔어요. 신라와 발해에서 온 유학생들은 당나라의 과거 시험에 합격해 당나라의 관리가 되기도 했어요.

장안은 마치 세계 인종의 전시장과 같았고, 모든 것이 풍요롭고 화려했어요. 마니교, 이슬람교 등 다양한 종교가 전해졌어요. 현장 스님이 인도에 가서 불경을 공부하고 돌아온 것도 이때였지요. 현장 스님은 〈서유기〉에 나오는 삼장법사의 모델이에요.

당나라에서는 귀족적인 성격의 문화가 발전했어요. 문학에서는 시가 크게 발달하여 이백, 두보와 같은 유명한 시인들이 활약했지요. 그리고 외국과의 교류가 활발했기 때문에 이슬람, 중앙아시아 등지의 영향을 받아 화려한 색과 무늬로 만들어진 도자기가 유행하기도 했어요. 이 도자기를 '당삼채'라고 부르지요.

장안(시안)에 세워진 대안탑

당시 수도 장안은 인구 100만 명이 모이는 바그다드, 콘스탄티노폴리스와 같은 국제도시였지.

캔 유 스피크 잉글리시?

뭔 말이래.

여러 형태의 당삼채

안녹산의 반란 이후 국력이 쇠퇴하다

위 황후를 없애고 태평성대를 이루기 위해 노력했던 현종이 점차 정치에 소홀해졌어요. 현종은 도교에 빠지고 절세미인이라고 불린 양귀비와 노느라 나라 살림을 낭비하고, 정치를 멀리했지요. 이후 당나라는 쇠퇴하기 시작했어요.

한편, 동북 지방의 국경을 지키던 절도사 안녹산이 정치를 좌우하던 양귀비의 친척 양국충을 없앤다며, 755년에 20만 대군을 이끌고 반란을 일으켰어요. 안녹산은 뤄양을 점령하고, '대연'이라는 나라를 세우고 황제가 되었어요. 그러나 안녹산은 살해되었고, 반란은 실패로 끝났어요.

안녹산의 난으로 당나라는 점차 위기에 빠졌고, 농민들의 봉기가 자주 일어났어요. 농민들의 봉기 가운데 소금 장수인 황소가 일으킨 황소의 난이 유명해요. 황소의 난을 진압한 주전충이 황제를 죽이고 황제의 자리를 빼앗으면서 당나라의 운명도 907년에 끝이 났지요.

4장 아시아 세계의 발전

동남아시아에 나라들이 들어서다

인도차이나 반도에서는 중국과 인도 문화가 보인다

베트남은 일찍부터 중국의 영향을 많이 받아 왔는데, 오랫동안 중국의 지배를 받던 북부 지방이 당나라 말기의 혼란을 틈타 독립했어요. 1000년대 초에 리 왕조의 성종은 나라 이름을 '대월'이라 하고, 중국 문화를 받아들여 정치 체제를 정비한 뒤에 과거제로 관리를 뽑았어요.

1200년대 초에 들어선 쩐 왕조는 3차에 걸친 몽골군의 침입을 물리치고 남쪽으로 진출하여 베트남 중남부에 있던 참파 왕국과 대결했어요.

동남아시아는 중국과 인도 사이에 있어 두 나라 문화의 영향을 많이 받았단다. 또 동서 해양 무역의 중간에 위치해 있어서 경제적이나 전략적으로 중요했지.

그래서 나중에 유럽 국가들이 차지하려고 덤을 올렸군요?

몽골군을 격퇴한 장군 쩐흥다오는 오늘날까지 영웅으로 존경받고 있어요. 쩐 왕조는 유학을 장려하고 〈대월사기〉를 펴내는 등 민족의식을 높이는 데 힘썼어요.

캄보디아에는 800년대 초에 앙코르 왕조가 들어섰어요. 이 지역은 비가 억수같이 내리지만 비가 그치면 땅이 금방 마르고, 6개월 동안은 비가 내리지 않아 물 부족 문제가 심각했어요. 그래서 비가 많이 내리는 우기에 빗물을 담아 두는 저수지를 만들어 기름진 농경지를 만들었어요. 이것은 앙코르 왕조가 발전할 수 있는 바탕이 되었지요.

1100년대 중반에 수리아바르만 2세가 자신의 무덤이자 힌두교의 비슈누 신을 모시는 사원을 세웠어요. 이것이 세계에서 가장 큰 종교 건축물인 앙코르 와트예요. 그리고 1200년대에는 수도인 앙코르 톰을 세웠어요. 앙코르 톰은 1200년대 말에 국제적인 도시로 번성하여 중국 상인과 선원들이 모여 사는 차이나타운도 있었다고 해요.

동남아시아 지역에 여러 나라가 등장하다

오늘날 인도네시아의 수마트라 섬과 자와 섬에는 600년대 중반에서 700년대에 걸쳐 스리위자야 왕조와 샤일렌드라 왕조가 각각 들어서서 서로 경쟁하면서 발전했어요.

스리위자야 왕국은 당나라 중기 이후 바닷길을 이용한 동서 무역이 활발해지면서 강력한 해양 국가로 발전했어요. 그러나 800년대 중반에 샤일렌드라 왕조의 지배를 받게 되었어요.

샤일렌드라 왕조는 일찍이 힌두교의 영향을 받았지만, 불교도 받아들여 크게 발전시켰어요. 자와 섬에 남아 있는 보로부두르 사원은 이 시기 불교 미술의 걸작품이지요.

말레이 반도의 남쪽 끝에서는 1400년대에 믈라카 왕조가 들어섰어요. 이 나라는 타이 아유타야 왕조의 지배에서 벗어나 해상 무역을 장악했어요. 그 뒤 인도로부터 전해진 이슬람교를 받아들여 동남아시아 지역에 이슬람교를 전파했어요.

보로부두르 사원의 석불

보로부두르 사원

1044년에 파간 왕조가 미얀마 지역을 통일했어요. 파간 왕조는 상좌부 불교를 받아들여 적극적으로 전파함으로써 동남아시아의 상좌부 불교 발전에 크게 기여했어요. 그러나 1200년대 말에 몽골의 침입으로 멸망했어요.

　타이 족은 1200년대 중반에 수코타이 왕조를 세웠어요. 랑캄행 왕은 중국의 법률, 제도 등을 받아들여 국가의 기틀을 마련했지요. 그 뒤 1300년대 중반에 방콕 근처를 중심으로 아유타야 왕조가 들어섰어요. 이들은 타이 문자를 만들고 상좌부 불교를 믿는 등 독자적인 문화를 꽃피웠답니다.

문화이야기

세계 7대 불가사의, 앙코르 와트

　프랑스 박물학자 앙리 무오는 캄보디아의 깊은 정글 속에 '죽음의 도시', '저주받은 신전'이 있다는 이야기를 듣고 1861년에 정글 탐험에 나섰어요. 그는 마침내 커다란 첨탑 5개를 거느린 앙코르 와트와 마주하게 되었어요.

　앙코르 왕조의 수리아바르만 2세 때 힌두교 사원으로 지어진 앙코르 와트의 1층 회랑의 긴 벽에는 인도 굽타 시대의 대서사시 〈라마야나〉와 〈마하바라타〉에 나오는 이야기, 그리고 앙코르 왕조의 역사가 그림으로 아주 세밀하게 새겨져 있답니다.

앙코르 와트

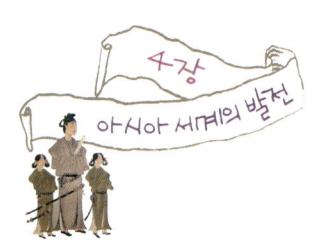

일본, 천황이 다스리는 나라가 되다

다이센 고분(오사카)

300년대 재위한 천황의 무덤으로 추정하고 있는 거대 고분이란다. 이 고분은 열쇠 구멍 모양을 하고 있어. 그리고 물이 채워진 해자로 둘러싸여 있지.

주변 나라의 문화를 받아들여 발전하다

200년대 무렵에 30여 개의 나라로 나뉘어 있던 일본은 야마타이 국을 중심으로 연합했는데, 야마타이 국의 왕은 히미코 여왕이었어요. 그 뒤 300년대 초에 야마토 정권은 한반도와 중국 대륙의 문화를 적극적으로 받아들였어요. 특히 백제의 학자나 정치 세력들이 큰 도움을 주었는데, 대표적인 사람이 왕인이었어요. 그는 〈논어〉와 〈천자문〉을 전하고 태자의 스승이 되기도 하는 등 야마토 정권에 많은 도움을 주었어요.

야마토 정권은 500년대 후반부터 600년대 전반에 걸쳐 유교와 불교를 받아들이고 아스카를 중심으로 발전했어요.

특히 쇼토쿠 태자는 유교의 가르침을 바탕으로 개혁 정치를 추진하는 한편, 큰 절을 지어 불교를 장려하여 국왕의 권위를 높이려고 했어요.

또 야마토 정권은 중국에 유학생을 보내고 사신을 파견하여 선진 문물을 적극적으로 받아들여 국제적 성격이 강한 문화를 이루었어요. 이 문화를 '아스카 문화'라고 해요.

645년에 야마토 정권에서 권력을 잡고 있던 소가 씨를 없애려고 나카토미노 가마타리와 나카노 오에가 군사를 일으켰어요. 소가 씨를 몰아낸 뒤 나카노 오에는 황태자가 되었지요. 이들은 수도를 아스카에서 나니와로 옮기고 '다이카'라는 연호를 사용했어요. 이때 당나라에 유학생과 사신을 보내어 선진 문물을 받아들이는 등 개혁을 추진했는데, 이를 '다이카 개신'이라고 하지요. 그 뒤 '대왕' 대신 '천황', '왜' 대신 '일본'이라는 이름을 사용했답니다.

헤이조쿄로 수도를 옮기다

700년대 초에는 중국의 법률 제도인 율령제를 받아들이고 당나라의 수도인 장안을 본떠 헤이조쿄라는 도시를 건설했는데, 이 시대를 '나라 시대'라고 해요. 나라 시대는 80여 년 동안 발전했어요.

나라 시대에는 황실의 외척인 후지와라 집안이 권력을 장악했어요. 그 무렵 일본에는 천연두 같은 전염병이 유행하고 여러 지역에서 일어난 소란으로 사회가 불안했어요. 이에 천황은 부처의 힘에 의지하려고 큰 불상을 세우도록 했는데, 대표적인 것이 도다이 사의 대불이에요.

한편, 이 시기에 헤이조쿄를 중심으로 당나라의 영향을 많이 받은 귀족 문화가 발전했어요. 이때 〈고사기〉와 〈일본서기〉 같은 역사책과 당시에 많이 불리던 노래를 모은 〈만요슈〉라는 노래집이 나왔어요.

나라 시에 있는 도다이 사의 대불전

헤이안쿄에서 고유 문화를 이루다

헤이조쿄로 수도를 옮긴 뒤 얼마 지나지 않아 황위 계승을 둘러싸고 황실과 귀족 사이에 다툼이 일어났어요. 다툼이 심해지자 천황은 794년 수도를 헤이안쿄(지금의 교토)로 옮겨 개혁을 시도했지요. 헤이안쿄로 수도를 옮긴 때부터 가마쿠라 막부가 수립될 때까지를 '헤이안 시대'라 해요.

수도를 옮긴 후 천황권이 안정을 되찾는 듯했지만, 귀족과 외척이 정치에 다시 개입하면서 천황의 권력이 점차 약해졌지요.

한편, 헤이안 시대에는 독자적인 일본 문화가 발달했는데, 이를 '국풍 문화'라고 하지요. 이때에 한자를 변형한 가나 문자가 만들어졌어요.

문화 이야기

일본의 국보 1호와 우리나라 국보 83호는 쌍둥이?

일본의 국보 1호는 고류 사의 목조 미륵보살 반가 사유상이에요. 1980년대 초에 이 불상의 오른손 새끼손가락이 부러지는 사고가 있었어요. 부러진 손가락을 고치기 위해 정밀 조사를 했는데, 불상의 재료가 우리나라에서 자라는 적송으로 밝혀졌어요. 고류 사의 기록에는 불상이 우리나라에서 들어온 사실도 적혀 있어요. 그런데 우리나라의 국립 중앙 박물관에는 이 불상과 같은 모습을 하고, 만든 솜씨도 같은 불상이 있지요. 국보 제83호 삼국 시대의 금동 미륵보살 반가 사유상이에요. 일본의 것이 나무로 만들어졌지만 우리 것은 몸체를 청동으로 만들었다는 점이 달라요.

일본의 국보 1호

4장 아시아 세계의 발전

무사들이 일본을 지배하다

지방 호족들의 세력이 커지다

헤이안쿄로 수도를 옮긴 후 천황의 권력이 약해져 지방에 대한 통제력도 약해졌어요. 이 틈을 이용하여 지방 귀족들이 자신의 토지를 지키고 질서를 유지하기 위해 무사(사무라이)를 고용했어요. 전투를 직업으로 하는 무사들은 경비, 반란 진압 등의 임무를 맡게 되면서 세력이 커졌어요. 헤이안 시대 후기에는 무사들이 힘을 길러 점차 귀족을 대신하는 존재로 성장했지요.

무사로서 처음 정권을 장악한 세력은 다이라 가문이에요. 다이라 가문의 다이라 기요모리는 교토의 군사권을 잡은 뒤 딸을 천황에게 시집보내고 외척이 되어 권력을 휘둘렀어요. '다이라 가문의 구성원이 아닌 사람은 사람이 아니다.'라는 말이 나올 정도로 다이라 가문의 세력은 커졌어요. 그럴수록 이들에 대항하는 세력도 커졌지요.

최초의 무사 정권, 가마쿠라 막부가 들어서다

다이라 가문과의 싸움에서 패배한 뒤에 유배지에서 힘든 나날을 보내고 있던 미나모토 요리토모는 다이라 가문을 치라는 황실의 비밀 명령을 받았어요. 그는 군사를 일으켜 다이라 가문을 무너뜨리고 전국을 통일했어요.

미나모토 요리토모는 곧 무사 정권을 세우고 천황에게서 전국을 지배할 수 있는 권한을 받아 1192년에 가마쿠라에 막부를 열었어요. 이때부터 150여 년간을 '가마쿠라 막부 시대'라고 한답니다.

이제 천황은 형식적인 존재에 불과했어요. 실제 권력은 쇼군이 사는 막부에서 행사했기 때문이지요. 이러한 모습은 중국이나 우리나라에서는 볼 수 없는 일본에서만 나타난 특이한 점이에요. 1800년대 후반에 메이지 유신으로 천황이 실권을 다시 잡을 때까지 이러한 막부 체제가 유지되었어요.

> 막부는 정치를 이끄는 권력자인 쇼군이 사는 곳이나 쇼군을 우두머리로 하는 정권을 가리키는 말이에요.

쇼군은 무사와 토지를 매개로 여러 단계의 주종 관계를 맺는 일종의 봉건 제도를 확립했어요. 평화로울 때 무사는 쇼군으로부터 받은 땅에서 살면서 농민들을 시켜 농사를 지었고, 전쟁이 일어나면 쇼군을 위해 싸웠지요.

가마쿠라 고토쿠인 대불

남북조의 혼란을 거쳐 무로마치 막부가 들어서다

1333년에 천황은 가마쿠라 막부의 반대 세력을 모아 막부를 무너뜨렸어요. 막부를 무너뜨린 천황은 새로운 정책을 폈으나 귀족과 무사들의 불만만 샀어요. 더군다나 천황을 도왔던 아시카가 다카우지는 무사들을 모아 반란을 일으켰지요. 그래서 천황은 북쪽 지역의 요시노로 피신을 했어요. 아시카가 다카우지는 교토에서 새로운 천황을 추대했지요. 그래서 두 명의 천황이 존재하면서 이들을 받들던 두 세력이 대립하여 싸웠는데, 이를 '남북조 내란'이라고 해요. 이때 일반 백성들의 생활은 아주 어려웠어요.

1392년에 아시카가 요시미쓰가 남북조의 혼란을 수습하고, 교토의 무로마치에서 새로운 막부를 열었어요.

무로마치 막부는 처음에는 비교적 안정적으로 발전했어요. 그러나 점차 쇼군의 권위가 약해졌어요. 6대 쇼군인 요시노리는 제비뽑기로 뽑혔는데, 쇼군의 권위에 복종하지 않는 세력을 힘으로 누르려 했어요. 그가 죽은 뒤에 쇼군의 권력은 더욱 약해졌어요. 이제 막부 정치의 실권은 쌀이 1만 석 이상 나는 영지를 가진 지방의 힘센 무사인 다이묘들에게 넘어갔어요.

그 뒤 다이묘들이 전국을 지배하고자 약 100년 동안 다투었는데, 이때를 '전국 시대'라고 해요.

송나라, 이민족에게 무릎을 꿇다

송나라가 중국을 통일하다

당나라가 망하고 송나라가 들어설 때까지 중국에는 화북 지방에 다섯 나라, 화중과 화남 지역에 열 나라가 있었어요. 이때를 '5대 10국 시대'라고 해요.

그중 후주의 세종은 뛰어난 군주였어요. 세종은 차근차근 중국 통일을 준비하였지만, 39세에 병으로 죽었어요.

세종이 죽고 일곱 살 난 아들이 왕위에 올랐을 때 거란이 침입하자 절도사 조광윤이 군대를 이끌고 나갔어요.

그런데 수도인 카이펑을 출발한 군대는 "황제께서 너무 어려 전쟁터에 나가 싸워도 공을 알아주지 않는다. 조광윤을 황제로 세우자."는 결의를 했어요. 그래서 조광윤은 황제로 추대되었고, 송나라의 태조가 되었어요.

송나라를 세운 조광윤(태조)

주변 민족의 침입이 거듭되다

태조는 장수들이 반란을 일으킬까 봐 항상 불안했어요. 그래서 절도사 세력을 억누르고, 공정한 과거 시험을 치러 능력 있는 관리를 뽑았어요. 출세하려면 관리가 되어야 했고, 관리가 되려면 유교 경전 등을 시험 보는 과거에 합격해야 했지요.

그런데 송나라는 지나칠 정도로 문인 관리를 우대하고 국방 경계를 게을리했어요. 그래서 군사력이 점점 약해졌지요. 이 틈을 타 북쪽의 유목민들이 중국 땅으로 내려왔어요. 가장 먼저 세력이 강성해진 민족은 거란이에요. 거란은 916년에 요나라를 세운 뒤에 발해를 무너뜨리고, 만리장성 남쪽의 연운 16주를 차지했어요. 연운 16주는 화북 지방에서 중요한 지역이었어요. 송나라는 연운 16주를 꼭 찾아야 할 땅이라고 생각했지요.

요나라의 성종은 1004년에 20만 대군을 이끌고 송나라로 쳐들어왔어요. 송나라는 연운 16주를 되찾아야 한다고 소리를 높였지요. 그렇지만 송나라의 군사력은 강력하지 못했어요. 결국 송나라는 요나라와 형과 아우의 관계를 맺고, 요나라가 원하는 대로 해마다 비단, 은, 차를 보내기로 약속했지요. 그 뒤 서북쪽에서 탕구트가 세운 서하가 침입해 왔고, 송나라는 이번에도 패했어요.

주변 국가에 많은 물건을 보내면서 나라 살림이 어려워지자, 세금을 내는 농민들의 어려움도 커져만 갔어요. 신종은 나라 살림을 충실히 하고 군대를 강하게 만들기 위해 왕안석을 등용했어요.

왕안석은 낮은 이자로 소농민이나 중소 상인에게 곡식, 돈을 빌려 주는 등의 개혁을 추진했어요. 하지만 보수적인 관리들의 반대에 부딪쳐 중단해야 했지요. 그 뒤 송나라는 급격히 쇠퇴해 갔어요. 결국 1127년에 송나라는 여진이 세운 금나라의 공격을 받아 남쪽의 항저우로 수도를 옮겼어요. 이때부터를 '남송'이라고 해요.

경제가 발전하고 서민 문화가 발달하다

송나라 때 남부 지방에서는 모내기가 가능해져 더 많은 쌀을 생산하게 되었지요. 더 많은 농토를 얻기 위한 개간도 활발하게 이루어졌어요. 농촌 생활이 나아지면서 상업과 수공업도 발전했어요. 전국적인 규모의 시장도 들어섰고, 카이펑과 항저우는 거대한 무역 도시로 발전했지요.

특히 송나라는 바다를 통해 활발하게 무역 활동을 했어요. 큰 배를 만들고 나침반을 이용해 고려, 일본은 물론 멀리 아라비아 지역까지 가서 교역을 했지요. 이때 송나라는 도자기, 비단, 서적 등을 가지고 갔어요.

경제가 발전하면서 서민의 살림도 나아져 도시에서는 서민들이 즐길 수 있는 다양한 문화가 발달했어요. 대도시에는 곡예, 인형극 등을 공연할 수 있는 전문 공연장이 만들어지기도 했지요.

한편, 송나라에서는 학문과 과학 기술이 획기적으로 발전해 화약, 나침반, 활판 인쇄술이 발명되었어요. 그리고 성리학이 발달했어요. 성리학은 송나라의 통치 이념이었을 뿐만 아니라 고려, 일본 등에도 전해져 여러 나라의 통치 이념으로 받아들여졌어요.

카이펑의 활기찬 모습을 그린 청명상하도

4장 아시아 세계의 발전

몽골족이 몽골 고원에서 동유럽까지 차지하다

위대한 왕, 칭기즈 칸

몽골 고원에서 테무친이라는 사내아이가 태어났어요. 그가 바로 몽골족을 통일하고, 가장 빠른 시간 안에 세계 역사상 가장 넓은 영토를 차지한 몽골 제국의 건국자 칭기즈 칸이에요.

칭기즈 칸은 몽골 족을 통일한 뒤 중앙아시아에 있던 이슬람 왕국 호라즘을 공격했어요. 몽골군의 공격을 받은 도시는 철저하게 파괴되었고, 주민들은 죽임을 당했지요.

그 뒤 칭기즈 칸은 군대를 이끌고 바람처럼 러시아 남쪽까지 진출했어요. 그런데 칭기즈 칸은 몽골로 돌아오는 길에 서하를 공격하다가 죽었어요. 그는 몽골의 풍습대로 묻혔는데, 그 무덤이 어디 있는지는 아무도 몰라요.

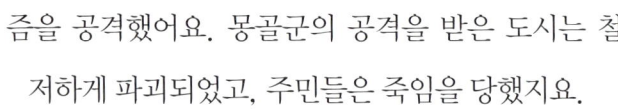

테무친 (칭기즈 칸)

칭기즈 칸은 몽골 어로 '강력한 군주'라는 뜻이에요.

몽골 족이 대제국을 건설하다

칭기즈 칸에게는 주치, 차가타이, 오고타이, 툴루이라는 네 아들이 있었어요. 아버지를 이어 칸으로 추대된 오고타이는 금나라를 정복한 뒤 다시 서쪽으로 원정을 시작했어요. 총 지휘는 주치의 아들 바투가 맡았고, 오고타이의 아들 구유크, 툴루이의 아들 몽케도 전쟁에 참여했어요. 이들은 러시아를 원정한 뒤 폴란드와 헝가리를 점령하고 오스트리아까지 공격했어요.

몽골군의 원정은 유럽을 온통 공포의 도가니로 몰아넣었어요. 유럽 사람들은 몽골군이 침입한 것을 '신이 내린 천벌'이라고 여겼대요.

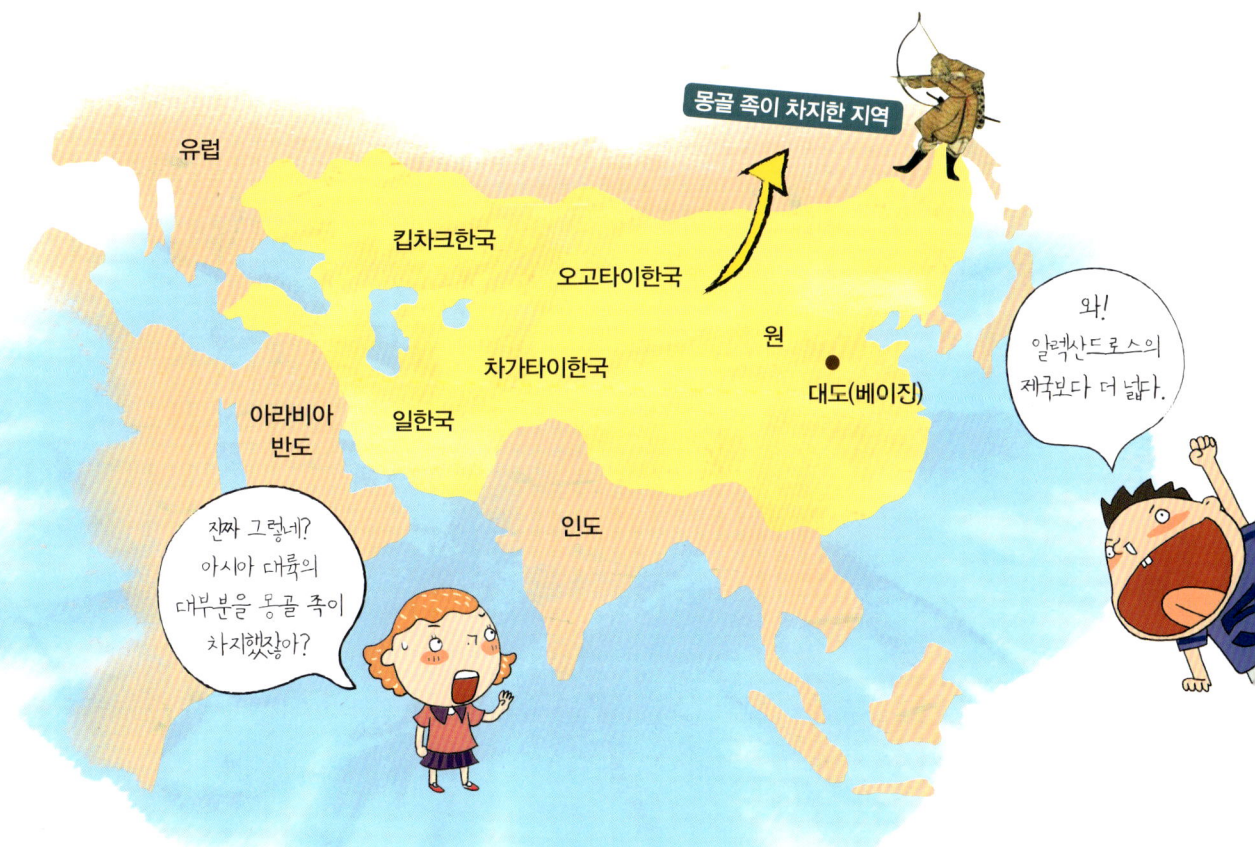

이탈리아로 가던 몽골군은 오고타이 칸이 죽었다는 소식을 듣자 새로운 칸을 뽑기 위해 몽골로 돌아갔어요. 그러나 바투는 러시아에 남아서 킵차크한국을 건설했어요.

구유크에 이어 칸에 오른 몽케는 동생 훌라구를 파견하여 3차 서방 원정에 나섰어요. 이번에는 이란 지역을 정벌해 일한국을 세웠어요. 일한국을 비롯해 남러시아의 킵차크한국, 중앙아시아의 차가타이한국 서북몽골의 오고타이 한국을 '4한국'이라고 해요.

원나라, 중국 대륙을 지배하다

남송을 공격하던 쿠빌라이는 형인 몽케 칸이 죽자 곧 군대를 철수시키고 몽골로 돌아왔어요. 칸에 오른 쿠빌라이는 수도를 대도(베이징)로 옮기고, 나라 이름도 '원'으로 바꾸었지요. 그리고 남송을 공격하여 1279년 정복했어요. 마침내 몽골 족은 북방 민족으로는 처음으로 중국의 모든 지역을 지배하게 되었어요.

쿠빌라이 칸은 중국식 정치 제도에 따라 나라를 다스렸어요. 또 그들의 정복 전쟁에 얼마나 협조했는가에 따라 민족을 달리 대우했지요. 물론 몽골 인을 가장 우대했고, 몽골에 적극적으로 협조한 서아시아, 중앙아시아, 유럽 등지에서 온 외국인이 그 다음이었어요. 몽골 인은 피부색이나 눈동자의 색이 자신들과 다른 사람이라는 의미로 이들을 '색목인'이라고 불렀어요. 마지막으로 끝까지 저항한 남송의 한족을 가장 천대했어요.

가족과 함께 사냥에 나선 쿠빌라이

활발한 교류로 다양한 문화가 발달하다

원나라가 다스리는 세계는 넓고도 다양했어요. 다양한 민족의 종교와 문화가 원나라로 들어왔다가 각 지역으로 다시 퍼져 나갔어요.

수도 대도(베이징)는 몽골에서 흑해 연안까지 이어지는 초원길과 비단길은 물론 대운하를 통해 바닷길까지 연결되었어요. 이 길들을 따라 유럽의 선교사와 여러 나라의 상인들이 원나라에 들어왔어요. 그 가운데 이탈리아 상인 마르코 폴로는 원나라에 와서 17년 동안 살다가 이탈리아로 돌아갔어요. 그가 남긴 〈동방견문록〉은 유럽 사람들에게 당시 중국과 주변 나라를 소개한 책이랍니다.

몽골 족은 어떻게 유럽의 기사들을 이길 수 있었지요?

유목 생활을 한 몽골 족은 어려서부터 말타기를 익혔기 때문에 몽골군은 뛰어난 기병을 갖출 수 있었어요. 몽골의 병사들은 말 위에서 먹고 자고 하면서 하루에 수백 km를 달릴 수 있었다고 해요.

또 병사들은 말가죽으로 만든 가볍고 튼튼한 갑옷을 입어 빠르게 움직일 수 있었을 뿐만 아니라 말 위에서도 활쏘기에 능숙했지요. 반면 유럽의 기사들은 무거운 철갑옷을 입었고, 무거운 칼과 창으로 몽골군에 맞서야 했어요.

말을 달리며 활을 쏘는 몽골 병사

4장 아시아 세계의 발전 127

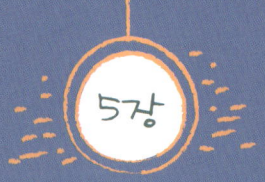

5장

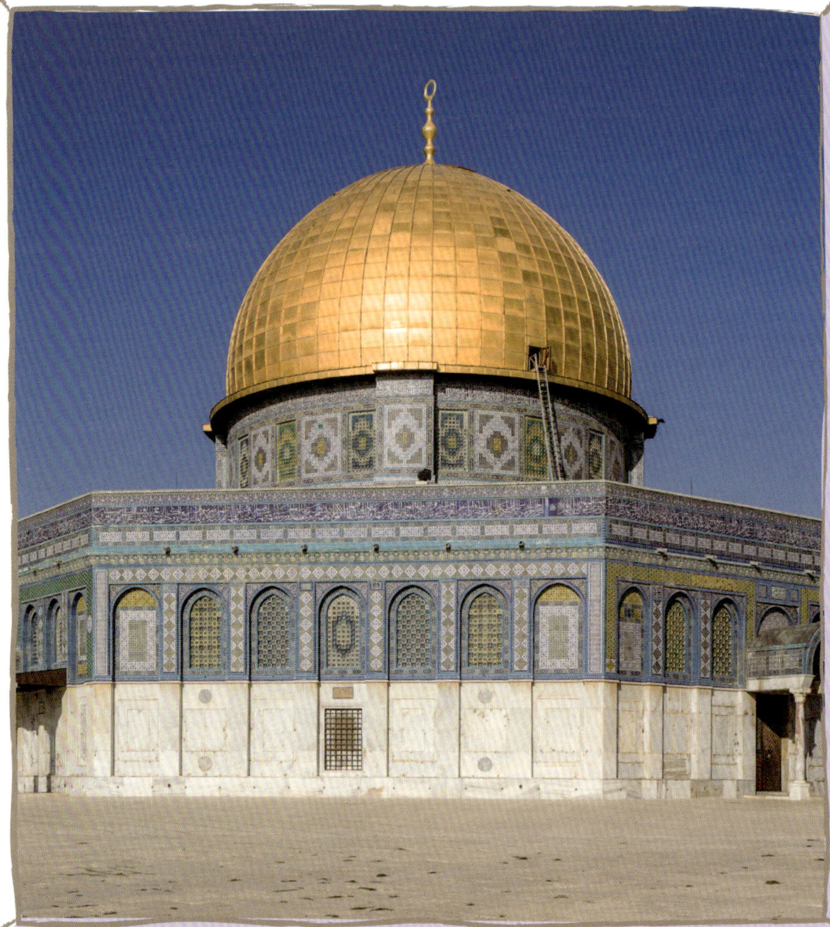

610년
이슬람교 창시

622년
헤지라

632년
정통 칼리프 시대

661년
우마이야 왕조 성립

이슬람 세계

아라비아 반도에서 무함마드가 이슬람교를 만들었어요.
세계적인 종교 중에서 가장 늦게 만들어진 이슬람교는 아주 짧은 기간 동안
서아시아, 아프리카, 유럽의 이베리아 반도까지 널리 퍼져 나갔어요.
이슬람교를 핵심으로 하여 이루어진 거대한 이슬람 제국은
상업 활동과 대외 무역에 힘입어 동서 교류를 촉진시켰어요.
또한, 넓은 지역의 문화를 흡수하여 화려하고 풍요로운 문화를 만들었어요.

750년
아바스 왕조 성립

1037년
셀주크 튀르크 건국

1096년
십자군 전쟁 시작

무함마드, 이슬람교를 세우다

아라비아 사회가 혼란에 빠지다

아라비아 반도에서는 아랍 인이 작은 부족을 이루어 유목 생활을 했어요. 그런데 500년대 무렵에 동쪽의 사산 왕조 페르시아와 서쪽의 비잔티움 제국이 대립하여 중앙아시아로 통하던 교통로가 막혀 버렸어요. 대신 아라비아 반도의 메카와 메디나가 새로운 상업 도시로 발전하게 되었지요.

교역을 통해 귀족들은 부자가 되었지만, 가난한 사람들은 먹고살기조차 힘들어 갓난아이를 사막에 버리는 일도 벌어졌어요. 새로운 교통로를 차지하려고 부족 간에 자주 전쟁을 벌여 아라비아 반도는 극심한 혼란에 빠졌어요. 아랍 인은 새로운 사회를 이끌어 줄 사람이 필요했지요.

무함마드, 신의 계시를 받다

상인 부족 출신의 무함마드는 어려서 부모님을 잃고 작은아버지 손에서 자랐어요. 12세 때부터 작은아버지를 따라 여러 지역을 다니며 무역에 종사했어요. 25세에 결혼한 뒤 생활이 안정되자, 무함마드는 부족 간에 다투며 온갖 미신을 숭배하는 현실 속에서 어떻게 사는 것이 올바른 삶인가에 대해 고민했어요. 무함마드는 메카 교외의 산속에 들어가 단식을 하며 명상을 통해 진리를 깨닫고자 했어요.

그러던 어느 날 밤, 명상에 잠긴 무함마드는 신의 계시를 받았어요. 그의 나이 40세, 610년의 일이었지요.

천사 가브리엘로부터 계시를 받는 무함마드

알라의 뜻을 널리 알리다

계시를 받은 무함마드는 곧 포교를 시작했어요. 그의 가르침에 가난한 사람들과 노예들은 크게 환호했어요. 그가 알라 외에 우상 숭배를 반대하며, 신 앞에서는 모든 사람이 평등하다고 외쳤기 때문이었어요. 귀족들은 평등을 주장하는 무함마드를 매우 위험한 인물로 여겼어요.

이슬람의 달력에 따르면 623년은 1년이 되는 거지.

622년에 무함마드는 자신을 잡으러 오는 귀족들을 피해 메카에서 북쪽으로 400㎞쯤 떨어진 메디나로 도망쳤어요. 이슬람교에서는 이 사건을 성스러운 도망, '헤지라'라고 하며, 이 해를 이슬람력이 처음 시작되는 해로 삼았어요.

무함마드는 자신은 알라의 예언자라고 주장하며, 그를 신으로 떠받드는 것을 거부했어요. 그의 가르침을 제자들이 기록했는데, 이것이 바로 이슬람교의 경전인 〈쿠란(꾸란)〉이에요. '쿠란'이란 아랍 어로 '낭송'이라는 뜻이지요.

이슬람교의 경전, 쿠란

〈쿠란〉은 경전인 동시에 아랍 인의 역사책이자, 법률책이며, 생활의 지침서가 되었어요. 그리고 〈쿠란〉은 너무나 신성한 것이기 때문에 다른 말로 번역해서는 안 된다고 해요. 그래서 이슬람교를 믿는 지역에서는 모두 아랍 어로 〈쿠란〉을 외운답니다.

알라의 뜻을 따르는 나라가 들어서다

세력을 키운 무함마드는 630년에 신도들을 이끌고 메카로 돌아와 반대 세력을 물리치고, 아라비아 반도를 알라의 이름 아래 하나로 통일했어요.

무함마드는 아라비아를 통일한 뒤에 시리아 원정길에 올랐다가 632년에 죽었어요. 그의 가르침은 사막에 흩어져 살던 아랍 인들을 하나로 묶어 주었답니다.

문화이야기

이슬람교도의 다섯 가지 의무

이슬람교를 믿는 사람들은 평생 실천해야 할 다섯 가지 의무가 있어요.
첫 번째는 '알라 외에는 신이 없고, 무함마드는 신의 사도이다.'라는 신앙 고백을 해야 해요. 두 번째는 매일 일정한 시간에 메카를 향해 다섯 번의 예배를 드려야 한답니다. 세 번째는 라마단 기간으로 불리는 이슬람 달력으로 9월이 되면 1달 동안 낮 시간에는 음식을 먹지 말아야 해요. 네 번째는 자기 재산의 일부를 종교세로 납부하여 가난한 사람을 구제하는 데 사용해야 하지요. 마지막 다섯 번째는 일생에 한 번 이상은 성지 메카를 순례해야 한다는 것이지요. 메카는 무함마드가 태어나 자란 곳으로 이슬람교의 최대 성지예요. 해마다 메카의 카바 신전에는 전 세계 이슬람교도들이 찾아와 순례 의식을 치르고 있어요.

카바 신전이 있는 메카의 사원

칼리프가 제국을 지배하다

칼리프(칼리파)를 선출하다

무함마드가 죽은 뒤, 그의 후계자들은 이슬람 세력을 넓혀 나갔어요. 무함마드의 후계자를 '칼리프(칼리파)'라고 하는데, '알라의 사자 곧 무함마드의 대리자'란 뜻이에요. 칼리프는 정치와 종교의 절대권을 가졌고, 전통에 따라 선거를 통해 뽑혔어요.

무함마드가 죽은 뒤에 부족장 선거에서 후계자를 뽑았는데, 무함마드의 친구나 친척 중에서 4명의 칼리프가 나왔어요. 이 시대를 '정통 칼리프 시대'라고 하는데, 정통 칼리프 시대는 4대 칼리프 알리가 암살당한 661년까지 계속되었어요.

정통 칼리프 시대에 이슬람 세력은 사산 왕조 페르시아를 정복하고, 이집트까지 영토를 확장했어요. 이때 이슬람교로 개종하면 세금을 줄여 주었기 때문에 이슬람교는 빠르게 퍼져 나갔어요.

우마이야 가문에서 칼리프 지위를 이어받다

4대 칼리프 알리를 죽인 사람은 우마이야 가문의 시리아 총독인 무아위야였어요. 그는 시리아의 다마스쿠스로 수도를 옮기고, 자기 아들을 후계자로 삼는 세습 칼리프 제도를 시작했어요. 이때를 '우마이야 왕조'라고 해요.

우마이야 왕조는 오랜 세월 동안 정복 사업을 한 결과 서아시아, 북아프리카, 이베리아 반도에 이르는 대제국을 이루었어요. 또 비잔티움 제국의 수도인 콘스탄티노폴리스를 여러 차례 공격하기도 했지요. 그러나 비잔티움 제국을 차지하는 데 성공하지는 못했어요.

우마이야 왕조는 아랍 인이 가장 우수하다는 주장을 내세우며 다른 민족을 차별했어요. 이슬람교로 개종했지만 아랍 인이 아니라는 이유로 무거운 세금을 내야 했던 다른 민족들이 차별 대우에 불만을 가졌어요. 이들은 스스로를 무함마드의 참된 후계자라고 주장하며 우마이야 왕조의 정통성을 부인하는 알리의 후손들(시아파)과 손잡고 우마이야 왕조에 저항했어요. 이때 우마이야 왕조 내부에서도 분열이 일어나 혼란은 점점 심해졌지요.

우마이야 대사원

아바스 가문이 칼리프 지위를 이어받다

750년에 이란 지방을 중심으로 성장한 아바스 가문이 우마이야 왕조를 무너뜨렸어요. 그리고 바그다드에 수도를 정하고, 아바스 왕조를 열었어요. 아바스 왕조는 〈아라비안나이트〉에 나오는 왕인 하룬 알 라시드 때에 전성기를 이루었지요. 학문과 문예, 음악에 관심이 많았던 하룬은 바그다드에 큰 도서관을 세우고 문학과 예술을 발전시키는 데 힘썼어요. 또 그는 비잔티움 제국으로 영토를 넓히고, 프랑크 왕국의 카롤루스 대제와 협약을 맺는 등 대외 정책에도 힘썼어요. 그러나 아바스 왕조는 1258년에 몽골 제국의 공격을 받아 멸망했지요.

한편, 우마이야 왕조의 후손인 압둘 라흐만이 756년에 에스파냐의 코르도바를 수도로 정하고 왕조를 열었는데, 이를 '후우마이야 왕조'라고 하지요.

에스파냐 코르바에 있는 메스키타 사원

후우마이야 왕조는 유럽에서 이슬람 문화의 중심으로서 번영을 이루었지만, 1031년에 멸망했어요.

이슬람 제국은 두 왕조로 나뉘었으나 동서 무역을 독점하여 막대한 이익을 챙겼고, 학문과 예술도 발전했어요. 그 때문에 아바스 왕조의 수도 바그다드와 후우마이야 왕조의 수도 코르도바는 세계 상업의 중심지이자 학문과 예술의 중심지로 번영을 누렸어요.

시아파? 수니파(순니파)?

이슬람교도는 시아파와 수니파(순니파)로 나뉘었어요. '시아'란 무리, 일파라는 뜻이며, 알리 시아, 즉 알리를 따르는 무리라는 뜻이에요. 시아파는 칼리프 제도를 인정하지 않고, 오직 무함마드의 혈통을 따른 자만이 후계자가 될 수 있다고 생각했지요. 그래서 무함마드의 사촌이자 사위인 알리와 그 후손만을 정통 칼리프로 인정해요. 이들은 전체 이슬람교도에 비하면 극히 소수였는데, 현재 주로 이란과 이라크의 일부 지역에 모여 있고 이슬람교도의 10~15% 정도를 차지하고 있어요.

한편, 수니파는 무함마드의 혈통이 아니어도 능력과 자질을 갖춘 사람이라면 누구나 칼리프가 될 수 있다고 생각해요. 현재 이슬람교도의 85~90%가 수니파예요. 이들은 아라비아 반도뿐만 아니라 아시아와 아프리카 등지에 널리 퍼져 있지요.

5장 이슬람 세계

쿠란을 바탕으로 문화가 형성되다

이슬람교가 문화의 중심이다

이슬람 문화의 중심은 이슬람교와 아랍 어예요. 경전인 〈쿠란〉은 아랍 어로 쓰였는데, 이것은 신이 무함마드에게 건네준 것이기 때문에 절대로 다른 언어로 번역할 수 없다고 해요. 그래서 이슬람교를 믿는 지역에서는 공통적으로 아랍 어를 사용하게 되었어요. 이슬람의 대표적인 건축물은 이슬람교도가 예배를 보는 모스크예요. 모스크에는 정원과 미너렛이라는 뾰족탑이 있어요. 모스크의 천장은 대부분 둥근 지붕인 돔으로 이루어졌어요. 그리고 내부에는 이슬람교의 예배 방향인 메카 쪽을 표시하는 미라브가 있어요. 또 바닥에는 양탄자를 깔아 놓았는데, 모든 신도가 절을 하고 꿇어앉아 예배를 볼 수 있도록 한 것이랍니다.

모스크의 미너렛과 돔

자연 과학과 학문이 발달하다

이슬람에서는 철학과 자연 과학이 특히 발달했어요. 이슬람 철학은 그리스의 아리스토텔레스 철학을 기본으로 해요. 그리고 철학을 바탕으로 신학과 법학도 발달했어요.

인도와 접촉하면서 수학도 발달했는데, 인도에서 0의 개념과 10진법이 도입되었으며, 우리가 사용하는 아라비아 숫자가 이슬람 상인을 통해 유럽으로 전해졌어요.

또 구리로 금을 만들 수 있다고 믿는 연금술에서 시작하여 화학이 발달했어요. 아랍 사람들은 무엇이든 실험을 했기 때문에 실험 기구들이 발달했지요. 알칼리, 알코올같이 '알(al)'이 붙은 말과 액체로 만든 약인 '시럽'이나 설탕의 영어식 표기인 '슈거'도 아랍 어에서 나왔어요.

이슬람에서는 상업과 무역이 발전함에 따라 지리학도 발전했어요. 오늘날 우리가 쓰는 지도의 표기법도 이곳에서 나왔지요. 유럽의 학자들도 이슬람의 과학을 배우려고 이슬람 국가로 모여들었답니다.

아바스 왕조 때 도서관의 학자

12세기에 그려진 이슬람의 세계 지도

문학과 예술이 발달하다

이슬람의 문학 작품 가운데 가장 유명한 것은 〈아라비안나이트〉랍니다. 800년대에 지어진 〈아라비안나이트〉는 아라비아, 그리스, 인도, 페르시아 등 여러 곳에서 전해 내려오는 이야기들을 모은 것이에요. 우리가 알고 있는 '알리바바와 40인의 도둑', ' 하늘을 나는 양탄자', '알라딘의 요술 램프', '신드바드의 모험' 등의 이야기가 이 책에 실려 있지요.

이슬람교는 우상 숭배를 금지했기 때문에 모스크 내부에 사람이나 동물을 그리거나 새길 수 없었어요. 그래서 그림이나 조각이 발달하지 않았지요. 대신 기하학적 무늬가 발달했는데, 이것을 '아라베스크 무늬'라고 해요. 아라베스크 무늬와 함께 아랍 어나 〈쿠란〉 구절을 아름다운 글씨체로 표현한 서예도 발달했어요. 모스크의 곳곳에 보이는 그림 같은 것이 〈쿠란〉의 구절을 예술적으로 표현한 서예 작품이랍니다.

이슬람 제국은 이슬람교와 아랍 어를 바탕으로 다양한 문화유산을 융

식물의 줄기와 잎을 추상적으로 그려서 만든 다양한 아라베스크 무늬

합하여 하나의 독특한 문화권을 이루었어요. 지리적으로도 아시아와 유럽의 중간에 있어 동서 문화 교류에도 크게 기여했지요.

이슬람 문화는 이슬람 상인의 적극적인 해외 활동에 힘입어 여러 지역으로 전해졌어요. 특히 유럽에 전해진 이슬람 문화는 근대 유럽 문화가 꽃필 수 있는 바탕이 되었어요.

이슬람 국가의 국기에는 초승달과 별이 있다?

국기는 해당 국가의 전통과 이상을 특정한 빛깔과 모양으로 나타낸 것이지요. 그런데 이슬람교를 믿는 대다수 국가의 국기에는 초승달과 별이 있어요. 이슬람 사회에서 이 두 가지는 상징적인 존재이기 때문이에요.

초승달이 뜬 밤에 천사를 상징하는 별이 내려와 무함마드에게 계시를 내려 주었다고 해석하기도 하고, 무함마드가 메디나로 피신한 헤지라 당시에 밤길을 밝혀 무함마드를 지켜 준 존재라고 해석하기도 하지요.

또 이슬람의 국기 중에는 초록색이 많지요. 주로 유목 생활을 했던 이슬람교도는 푸른 초원을 소중히 여기고 그곳을 낙원이라고 생각하는데, 초록색은 낙원을 상징하는 색이기 때문이라고 해요.

알제리 국기   파키스탄 국기   리비아 국기

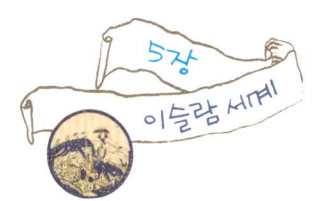

새로운 이슬람 세력이 등장하다

이슬람 세력이 확대되다

이슬람 제국이 확대됨에 따라 이슬람교는 이란 고원에서 중앙아시아와 중국 쪽으로 확대되었지요. 그리고 남으로는 이집트를 비롯한 아프리카, 동으로는 인도와 동남아시아에까지 퍼져 나갔어요.

아바스 왕조 아래에서 이슬람교를 믿게 된 사람들이 북인도, 중앙아시아 등 점차 각 방면에 진출하게 되었어요. 이슬람에서는 아랍 인 외에도 이란 인이나 튀르크 족을 용병으로 활용했는데, 특히 유목민인 튀르크 족은 말도 잘 타고 전투력도 뛰어나 매우 용맹한 군사들이었어요.

아바스 왕조가 쇠퇴하면서 이란 인과 튀르크 용병은 저마다 세력을 키워 여러 지역에 독립 정권을 세웠어요. 그리하여 아바스 왕조의 칼리프는 점차 권위를 잃게 되었고, 아랍 인이 아닌 다른 민족들이 이슬람 왕조를 세우고 이슬람의 보호자라고 나섰어요.

튀르크 족이 이슬람 세계를 지배하다

튀르크 족의 한 갈래인 셀주크 튀르크는 본래 유목민으로 중앙아시아에서 살다가 점차 이슬람의 용병으로 활동하면서 이슬람교를 믿게 되었어요. 사만 왕조와 가즈니 왕조 아래에서 세력을 키우던 튀르크 족은 드디어 1037년에 셀주크 튀르크를 세웠어요. 이들은 아바스 왕조의 수도인 바그다드를 점령하고 칼리프를 압박하여 술탄이란 칭호를 받았어요.

셀주크 튀르크 왕국이 발전하자 유럽 세계는 크게 두려워하게 되었어요. 셀주크 튀르크는 비잔티움 제국을 공격하여 소아시아의 대부분을 빼앗은 뒤 시리아와 예루살렘을 점령했어요.

예루살렘은 크리스트교와 이슬람교 모두의 성지로, 당시 유럽 사람들은 예루살렘을 순례하는 것을 영광으로 여겼어요. 셀주크 튀르크가 비잔티움 제국의 콘스탄티노폴리스를 공격하자 비잔티움 제국의 황제는 서유럽에 도움을 청했어요. 서유럽에서는 이 기회를 이용해 예루살렘 순례를 방해하는 이슬람교도를 토벌하려고 십자군 전쟁을 시작했어요.

이슬람교를 믿는 여러 왕조가 등장하다

튀르크 족의 활동을 중단시킨 것은 몽골 족이에요. 칭기즈 칸이 이끈 몽골 족은 중앙아시아 초원을 향해 거침없이 세력을 넓혀 왔어요. 칭기즈 칸의 후손인 훌라구는 셀주크 튀르크가 차지하고 있던 지역을 점령하고, 아바스 왕조를 멸망시킨 뒤 일한국을 세웠어요.

한편, 아프리카의 이집트에서는 살라딘이 1169년에 파티마 왕조의 뒤를 이어 아이유브 왕조를 세웠어요. 살라딘은 예루살렘을 점령하고 서유럽이 세운 예루살렘 왕국을 멸망시켰어요. 이 전투에서 살라딘은 학살과 약탈을 하지 않았기 때문에 많은 칭송을 받았어요. 살라딘은 영국의 리처드 1세 등이 주도한 3차 십자군을 맞아 싸우기도 했지요.

이어 1250년에는 맘루크 왕조가 이집트와 시리아 지역에 들어섰어요. 맘루크는 '노예'를 뜻하는 아랍 어인데, 그 지배자가 노예 출신이었기 때문이에요. 그리고 얼마 뒤에 튀르크 족의 한 갈래인 오스만 튀르크가 1299년에 오스만 제국을 세웠어요.

살라딘 동상

6장

375년	476년	486년	1054년
게르만 족의 대이동	서로마 제국 멸망	프랑크 왕국 건국	동·서 교회 분리

중세 유럽 세계

로마 제국이 쇠퇴할 무렵 게르만 족이 몰려와 지중해 세계는 혼란에 빠졌어요.
게르만 족이 세운 나라 중 프랑크 왕국은
로마 가톨릭 교회와 협력하면서 서유럽 세계를 안정시켜 나갔어요.
중세 서유럽 사회는 봉건 제도와 크리스트교를 터전으로 이루어졌어요.
서유럽은 십자군 전쟁을 계기로 점차 중앙 집권적인 통일 국가의 모습을 갖추었어요.
한편, 동유럽에서는 비잔티움 제국이 천 년 동안 로마 제국을 이어 갔어요.
비잔티움 제국은 고대 그리스 문화와 헬레니즘 문화를 간직하여 서유럽에 전해 주었고,
비잔티움 문화는 러시아를 비롯한 동유럽 문화의 바탕이 되었지요.

1077년
카노사의 굴욕

1096년
십자군 전쟁 시작

1337년
백년 전쟁

1453년
비잔티움 제국 멸망

새로운 유럽 세계가 등장하다

게르만 족의 대이동이 시작되다

지중해를 둘러싸고 로마가 발전하고 있을 때 발트 해 연안과 스칸디나비아 반도에 게르만 족이 살고 있었어요. 게르만 족은 농경, 목축, 사냥 등을 하면서 부족 단위로 생활했어요. 당시 게르만 족의 생활은 로마 인과 비교하면 문화적으로 너무나 뒤떨어져 있었어요.

200년대 무렵부터 게르만 족은 인구가 늘어나 경작지가 부족하자 점차 따뜻한 남쪽으로 내려와 로마의 국경 지대에서 옮겨 살았어요. 로마 사람들과 교역도 하고, 로마 인의 농장에서 소작인으로 농사를 짓기도 했어요. 로마의 관리나 급여를 받는 군인이 되기도 했지요. 로마 인에 비해 체구도 크고 용맹했기 때문에 로마 군에서는 게르만 족 출신 사령관도 나왔어요. 300년대 후반에 게르만 족은 로마 영토로 마구 쏟아져 들어왔어요. 중앙아시아 지역에 살던 훈 족이 공격해 왔기 때문이지요.

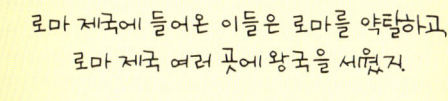

프랑크 왕국이 발전하다

게르만 족의 대이동에 따른 혼란 속에서 로마는 세 번이나 불타는 등 시련을 겪었어요. 결국 476년 게르만 족 출신 용병 대장에게 서로마 제국 황제는 죽음을 당하고, 서로마 제국은 멸망했지요.

서로마 제국이 무너진 뒤, 게르만 족이 세운 수많은 왕국들이 들어섰어요. 프랑크 왕국, 고트 왕국, 반달 왕국 등이 세력을 다투었어요.

게르만 족의 왕국 중 대부분은 일찍 사라졌지만 프랑크 왕국은 오랫동안 나라를 유지해 유럽의 새로운 실력자로 떠올랐어요. 프랑크 왕국만이 남을 수 있었던 이유는 무엇일까요?

라인 강 하류에 정착한 프랑크 족은 오늘날 프랑스 땅인 갈리아 지방까지 세력을 넓혀 프랑크 왕국을 세웠어요. 서로마 제국이 멸망한 뒤였어요. 대부분의 게르만 왕국이 로마 제국의 문화에 쉽게 빠져들었지만, 프랑크 족은 게르만 족의 전통을 잘 지켜 나갔어요. 또 프랑크 족은 다른 게르만 족과는 달리 크리스트교를 일찍부터 받아들였지요. 그래서 로마 교회의 지지를 얻을 수 있었어요. 이후 프랑크 왕국은 로마 교회의 힘을 빌려 점차 영토를 크게 넓혔어요.

프랑크 왕국을 유럽에서 가장 강력한 나라로 만든 사람은 카롤루스 대제였어요. 뛰어난 업적을 세웠기 때문에 대제라고 불렀는데, 대제란 '위대한 왕'이란 뜻이에요.

카롤루스 대제 흉상

카롤루스 대제는 이베리아 반도를 차지하고 있던 이슬람 세력이 프랑크 왕국을 공격해 오자 치열한 싸움 끝에 이들을 물리쳤어요. 이로 인해 그는 프랑크 왕국은 물론 유럽 세계와 크리스트교를 구한 구세주로 여겨져 사람들로부터 큰 존경을 받게 되었어요. 그리고 카롤루스 대제는 800년에 로마 교회의 우두머리인 교황 레오 3세와 손을 잡았어요. 로마 교황은 카롤루스에게 서로마 제국 황제의 관을 씌워 주었어요. 마치 오래 전에 멸망한 서로마 제국이 되살아난 것과 같았어요. 그리고 카롤루스 대제는 로마 교황을 보호해 주었어요.

47년 동안 프랑크 왕국을 다스린 카롤루스 대제가 죽은 후 나라는 그의 자손들에게 나뉘어졌어요. 오늘날 프랑스, 독일, 이탈리아는 여기서부터 시작되었어요.

문화이야기

오늘날 유럽 사회에 살아 있는 카롤루스 대제

카롤루스 대제는 중세 유럽에서 가장 중요한 지도자였어요. 영토 확장뿐만 아니라 유럽의 학문과 예술 발달에도 크게 기여했어요. 그리고 서로마 제국의 황제로 인정받아 게르만 문화와 로마 문화, 크리스트교가 섞인 중세 서유럽 문화의 바탕을 만들었지요. 이러한 업적 때문에 유럽 사람들은 그를 유럽 통합의 상징적 인물로 꼽고 오늘날 유럽 연합(EU)의 기원이라고 생각해요. 1900년대 두 번의 세계 대전을 치른 후 세력이 크게 약해진 유럽 세계가 힘을 합쳐 미국이나 중국 등 강대국과 경쟁하기 위해 탄생시킨 조직이 유럽 연합이에요. 이것은 수많은 유럽의 여러 나라를 하나의 국가처럼 묶은 연합체지요.

6장 중세 유럽 세계

비잔티움 제국이 로마 제국을 계승하다

유스티니아누스, 비잔티움 제국의 전성기를 이루다

서로마 제국은 476년에 멸망했지만, 비잔티움(동로마) 제국은 1453년에 오스만 튀르크에 의해 무너질 때까지 1000년이나 더 발전했어요. 비잔티움 제국이 이토록 오랫동안 발전할 수 있었던 이유는 무엇일까요?

500년대에 로마 제국의 황제가 된 유스티니아누스는 로마 제국의 옛 영토를 회복하려고 했어요. 유스티니아누스 황제는 아프리카와 이탈리아에 있던 게르만 왕국을 무너뜨리고, 이베리아 반도의 남동 지역도 차지했어요. 그 결과 지중해를 다시 로마의 호수로 만들 수 있었어요. 그리고 그는 로마법을 정리하여 법전을 만들도록 했어요. 그 결과 탄생한 〈유스티니아누스 법전〉은 이후 유럽 여러 나라의 법률에 큰 영향을 주었어요.

또 유스티니아누스는 아야 소피아라는 성당도 짓게 했는데, 이 모든 것은 옛 로마 제국의 영광을 되살리려는 노력이었지요.

이탈리아 산 비탈레 성당에 그려진 유스티니아누스의 모자이크화

유스티니아누스 황제 때 수도 콘스탄티노폴리스의 인구는 무려 100만 명에 이르렀으며, 유럽에서 가장 크고 화려한 도시로서 동서 무역도 매우 활발했답니다. 그러나 유스티니아누스가 죽은 뒤에 비잔티움 제국의 국력은 급격히 약해지고, 이웃의 페르시아와 이슬람 세력이 자주 침입하여 영토도 많이 줄어들었어요.

아야 소피아 성당

크리스트교가 분열되다

600년대에 헤라클리우스 황제는 외적의 침입을 막기 위해 국방력을 강화했어요. 그리고 로마 제국 때 쓰던 라틴 어 대신 그리스 어를 공용어로 쓰도록 했어요.

700년대에 황제 레오 3세는 성상 파괴 운동을 일으켰어요. 성상이란 신, 예수 그리스도, 성모 등 성인의 모습을 그림이나 조각으로 만든 것이에요. 성상 숭배 문제는 약 100년 동안 계속되었어요. 레오 3세는 성상 숭배를 금지하고 성상도 파괴하라고 명령했어요. 사람이 만든 우상을 숭배하면 안 된다는 것이었지요.

그런데 로마 교회는 게르만 족을 크리스트교도로 만드는 데 성상이 꼭 필요하다고 생각했기 때문에 성상 숭배 금지에 반대했어요. 성상 숭배 금지와 성상의 파괴는 좀 더 나아가면 교황이 예수의 수제자인 베드로의 후계자라는 정통성도 인정하지 않는 것이었기 때문에 더 따를 수가 없었지요. 이 문제를 둘러싸고 로마 교황과 비잔티움 제국 황제의 관계는 아주 나빠졌어요. 결국 1054년에 로마 교회는 로마 교황을 중심으로 한 로마 가톨릭 교회와 비잔티움 제국의 황제를 중심으로 한 그리스 정교(동방 정교회)로 나뉘었지요.

비잔티움 제국의 성상 파괴 흔적을 보여 주는 이스탄불의 성당 내부

비잔티움 제국의 세력이 약해지다

1000년대에는 셀주크 튀르크가 비잔티움 제국의 일부를 차지했어요. 황제 알렉시우스 1세는 로마 교황에게 지원을 요청했어요. 이로써 거의 200년에 걸친 십자군 전쟁이 시작되었지요.

그 뒤 이슬람 세계의 새로운 지배자로 등장한 오스만 튀르크가 콘스탄티노폴리스를 공격했어요. 콘스탄티노폴리스가 무너지면서 1000년 왕국을 자랑하던 비잔티움 제국도 결국 멸망했어요.

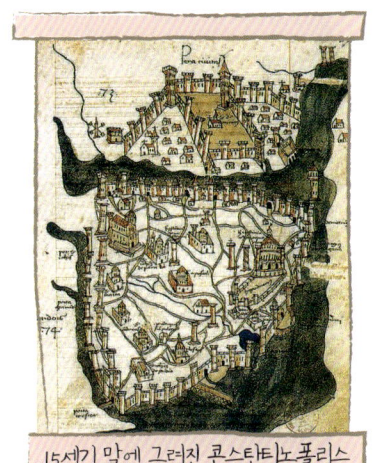
15세기 말에 그려진 콘스탄티노폴리스

로마 가톨릭과 동방 정교회는 어떤 점이 다른가요?

로마 제국이 동서로 나누어진 후 비잔티움 제국 교회의 명칭이 달라졌어요. 비잔티움 제국에서는 '정통 교회'라고 부르지만, 로마 교황청은 동방 교회라고 불렀어요. 시간이 지나면서 동방 정교회 또는 그리스 정교라고 불렀지요.

그렇다면 두 종교는 어떤 점이 다를까요? 분열된 이후에도 교리나 예배 의식의 차이는 거의 없었어요. 다만 교회의 운영 체계가 달라졌지요. 로마 교황청은 교황을 정점으로 주교, 사제로 이어지는 질서를 강조하지요. 하지만 동방 정교회는 개별 교회의 자율성을 강조해요. 주교라는 지위는 명예직일 뿐이에요. 대신 종교와 정치가 분리되지 않고 교회의 최고 지위는 황제나 왕이 가졌지요. 그 결과 예배 때 사용하는 언어에서 차이가 나타났어요. 로마 가톨릭교회는 어느 지역이든 라틴 어를 사용해야 해요. 하지만 동방 정교회는 각 지역마다 자신의 모국어로 예배를 드린답니다.

6장 중세 유럽 세계

노르만 족과 슬라브 족이 이동하다

바이킹 배

발트 해 연안과 스칸디나비아 반도에는 노르만이라고 불린 사람들이 살았어요. 이들은 게르만 족의 한 갈래였지요. 노르만이란 북쪽(North)의 사람이란 뜻이에요. 흔히 바이킹으로 더 알려졌지요. 바이킹은 용감하고 모험심이 강하고 항해술이 뛰어났어요. 날렵하게 생긴 배를 가지고 주로 해적질과 약탈을 했기 때문에 유럽 사람들을 자주 공포에 떨게 했어요.

그렇다고 노르만 족이 해적질만 한 것은 아니에요. 그들은 고기잡이와 상업, 목축과 농경에도 종사했지요. 좋은 모피를 수집하여 판매하기도 했어요. 기후 조건이 나쁘고, 인구가 늘어나자 이들은 다른 곳으로 옮겨 살아야만 했어요.

스칸디나비아 반도와 덴마크 지역에 살던 노르만 족은 800년대에 영국과 프랑스 해안에 자주 나타나 약탈을 했어요. 카롤루스 대제가 죽은 후 분열된 프랑크 왕국은 이들의 침략을 막아 내기 어려워지자 세느 강 하구의 땅을 떼어 주고 그들을 신하로 삼았어요. 이것이 커져서 노르망디 공국이 되었지요.

노르망디 공국의 윌리엄은 1066년에는 도버 해협을 건너 지금의 영국 땅을 정복하여 노르만 왕조를 세웠어요. 그리고 노르만 족은 지중해 지역까지 침략하여 이탈리아 남부와 시칠리아를 차지하고 시칠리아 왕국을 세웠어요.

노르만 족 중 스웨덴 지역에 살던 바이킹은 당시 유럽에서 가장 발전한 비잔티움 제국과 교역하기를 원했어요. 비잔티움 제국의 수도로 가기 위해 유럽을 흐르는 강을 따라 내려오기도 했어요.

그 무렵 러시아 평원에는 슬라브 족이 작은 나라들을 세우고 살고 있었어요. 노르만 족의 일파인 루시 족은 북유럽에서 동쪽으로 내려와 슬라브 족이 세운 키예프를 정복하고 키예프 공국을 건설했어요. 이것이 오늘날 러시아의 시초가 되었답니다.

중세 유럽 사람들은 어떻게 살았을까?

혼란 속에서 봉건 제도가 등장하다

카롤루스 대제가 죽은 뒤에 프랑크 왕국이 분열되었고, 서유럽은 노르만 족이나 이슬람 세력 등 이민족의 침략에 자주 시달렸어요. 이들이 지나간 곳에서는 농작물과 가축은 물론 사람들도 살아남지 못했어요.

이런 혼란을 통해 서유럽 사회는 크게 달라졌지요. 사람들은 생명과 재산을 지켜야 했어요. 그래서 스스로 성을 쌓고 군사력을 갖추었는데, 이 과정에서 기사가 등장했어요. 국왕은 군사력을 갖춘 기사에게 토지를 주고 대신 자신을 보호할 의무를 수행하도록 했지요. 그리고 토지를 받은 기사는 영주가 되었어요. 왕의 권력이 점점 약해지면서 나라는 영주가 다스리는 수많은 영지로 나뉘었어요. 이름만 남은 국왕은 이들 세력을 인정하고 충성을 약속받는 정도에 만족해야 했어요. 이러한 중세 사회의 독특한 질서를 봉건 제도라고 해요.

주종 관계와 장원을 바탕으로 봉건 사회가 발전하다

봉건제는 주종 관계와 장원 제도가 결합된 중세 특유의 제도랍니다. 주종 관계는 세력이 큰 기사가 주군이 되고 작은 기사는 봉신이 되는 것을 말해요. 주군이 신하(봉신)에게 토지(봉토)를 주고, 대신 신하는 주군에게 충성과 복종을 맹세하면서 이루어졌어요. 주군은 신하를 보호하고 돌볼 책임을 지고, 신하는 주군을 위해 군사적인 의무를 다함으로써 서로의 생명과 재산을 보호했어요. 혼란 속에서 살아남기 위해 지배층이 서로 계약 관계를 맺은 것이었지요.

이러한 관계를 맺는 매개가 된 토지는 중세 사회에서 경제적으로 중요한 밑받침이었어요. 주군으로부터 받은 토지는 장원의 형태로 운영되었는데, 장원을 가진 사람을 영주라고 부르지요. 토지를 주고받으며 맺어진 주종 관계는 연쇄적으로 이어져 피라미드와 같은 모습을 띠었어요.

6장 중세 유럽 세계

중세 유럽 봉건 사회의 구조를 살펴보면 국왕이 꼭대기에 있고, 그 밑에 공작, 후작, 백작 같은 귀족과 성직자가 있고, 기사도 있어요. 그리고 가장 아래에 수많은 농민들이 있었어요.

장원은 대개 하나의 마을로 이루어졌는데, 그 안에는 영주의 성과 교회, 농민들의 집, 경작지와 목초지, 산과 황무지 등의 토지가 있고, 방앗간, 대장간 등이 있었어요. 영주는 자기 영지 내에서는 왕과 같은 절대적인 존재였어요.

대부분의 농민들은 장원의 주인인 영주로부터 토지를 받아서 농사를 짓는 대신 영주에게 물품을 바치고 영주를 위해 일을 할 의무가 있었어요. 농기구를 이용하면 반드시 사용료를 내야 했고, 죽으면 사망세를 냈으며, 영주가 여행할 때에는 여행비를 냈지요. 또 영주에게 행사가 있을 때에도 물건을 바치고 일을 해 주어야 했어요. 교회에 바치는 10분의 1세

중세의 성 (스코틀랜드)

도 내야 했고, 결혼을 하면 결혼세도 바쳐야 했지요.

이렇게 중세 유럽 농민들의 삶은 매우 비참하고 고달팠어요. 게다가 자유롭지도 않았어요. 다른 장원으로 이사를 하는 것은 생각조차 할 수 없었어요.

농민들은 오직 영주에게 복종해야 했지요. 그러나 고대의 노예와는 달리 농민들은 결혼을 하여 가정을 이룰 수 있었어요. 집, 텃밭, 농기구 등 약간의 재산도 가질 수 있었지요. 그래서 중세 농민을 '농노'라고 해요. 농노란 반은 노예요, 반은 농민이라는 뜻이에요.

문화이야기

기사의 행동 규범, 기사도

기사도란 중세 유럽에서 기사들이 지켜야 했던 행동 규범이에요. 기사도에서 반드시 갖추어야 하는 덕목은 충성, 신앙, 여성과 약한 사람을 보호하는 것이었어요.

중세 음유 시인이 현악기의 반주에 맞추어 읊었던 기사와 귀부인의 사랑 이야기에 기사도가 담겨 있어요. 주인공인 기사가 목숨을 걸고 위험에 빠진 귀부인을 구출해 내는 이야기에는 정숙하고 아름다운 귀부인과 늠름하고 용감한 기사가 등장한답니다. 〈트리스탄과 이졸데〉, 〈아서 왕과 원탁의 기사〉 등이 이러한 주제를 담고 있는 대표적인 작품이에요.

기사도

잔이 공주, 내가 악당의 손에서 구해 줄께요.

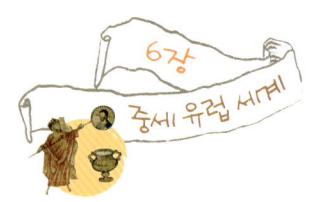

6장 중세 유럽 세계

교황은 해, 황제는 달이었다

황제가 교황에게 무릎을 꿇다

900년대 동프랑크의 왕 오토 1세는 신성 로마 제국을 세워 황제라고 했어요. 신성 로마 제국의 황제는 자신이 로마 제국의 계승자라는 자부심이 대단했어요. 그런데 당시 로마 교회의 권위와 영향력도 매우 커졌어요. 교황은 로마 교회의 대표자이고, 예수 그리스도의 대리자이며, 베드로의 후계자였지요. 중세 유럽 사회에서 황제와 교황, 두 세력이 팽팽하게 맞서게 되었어요.

1077년에 교황이 황제보다 강한 힘을 가졌음을 보여 주는 사건이 일어났어요. '카노사의 굴욕'이란 사건이에요. 이 사건은 교황이 국왕이나 황제가 가지고 있던 성직자 임명권을 교황이 가져야 한다고 공포했기 때문에 시작되었어요. 교황은 성직자가 부패하고 타락한 것은 국왕이나 황제가 자질이 없는 성직자를 함부로 임명했기 때문이라고 주장했어요.

신성 로마 제국의 황제인 하인리히 4세는 이에 크게 반발했어요. 성직자 임명권을 교황이 가지면 자신이 행사하던 크리스트교 사회에 대한 지배력을 잃게 되기 때문이지요.

1076년 하인리히 4세는 회의를 소집하여 교황 그레고리우스 7세를 폐위한다는 결의안을 통과시켰어요. 그러자 이번에는 교황이 분노하여 하인리히 4세를 파문했어요. 파문이란 크리스트교 세계에서 완전히 추방한다는 것을 뜻해요. 크리스트교도는 파문된 사람을 만나서는 안 되었어요. 파문당한 하인리히 4세에게 충성을 바친다면 제후도 역시 황제와 똑같은 취급을 당할 것은 뻔했어요. 그래서 하인리히 4세를 따르던 제후와 성직자들은 황제에게서 등을 돌렸어요.

그러자 당황한 하인리히 4세는 교황에게 용서를 빌기 위해 교황이 머물고 있던 눈 덮인 카노사 성으로 찾아갔어요. 눈 속에서 3일 밤낮을 눈물 흘리며 파문을 취소해 달라면서 용서를 빌었어요. 이것을 두고 '카노사의 굴욕'이라고 해요. 이 싸움은 두 사람이 모두 죽은 뒤에 결론이 났어요. 성직 임명은 교회법에 따르며, 성직자에게 내리는 토지는 국왕이나 황제의 권한으로 둔다는 내용이었어요.

그 후 교회와 교황의 권위는 날로 막강해졌어요. 교황권이 가장 절정에 이르렀을 때는 인노켄티우스 3세 때였어요. 그는 프랑스 왕 필리프 2세와 영국 존 왕을 파문했어요. 존 왕은 왕위를 유지하기 위해 영국 전체를 교황에게 바치며 충성을 맹세하기도 했어요.

그러나 예루살렘 성지 회복을 내걸고 일으킨 십자군 전쟁이 실패로 끝나면서 교황권은 점차 힘을 잃게 되었어요.

교회가 중세 유럽의 문화를 지배하다

중세 유럽 사람들의 일상생활은 모두 교회의 가르침에 따른 것이고, 문화도 크리스트교를 중심으로 발달했지요. 신의 권위를 강조한 신학이 최고의 학문이었고, 건축, 미술 등도 크리스트교 안에서 발전했어요.

중세 이전에 최고 학문이었던 철학은 단지 신학을 체계적으로 정리하는 보조 학문에 불과했지요. '철학은 신학의 시녀'라는 말이 나올 정도였어요. 그리고 성직자는 당시 최고 지식층이었어요. 교회와 수도원은 신앙의 장소이면서 교육 기관이었어요.

상공업과 도시가 발달하여 경제적으로 여유가 생기면서 더 많은 지식인과 전문가가 필요해졌어요. 1100년대 후반 여러 도시에 대학이 등장하기 시작했어요. 가장 오래된 대학은 이탈리아의 볼로냐 대학이에요. 프랑스의 파리 대학, 영국의 옥스퍼드와 캠브리지 대학도 이때 세워졌지요. 당시 대학은 교회나 공공건물을 빌려 사용했고, 여자는 다닐 수 없었어요.

중세 유럽의 대표적인 건축물은 교회와 수도원이었어요. 그중 대부분은 지붕이 높고, 지붕 위에는 뾰족한 첨탑을 가지고 있어요. 이것을 고딕 양식이라고 해요. 건물 내부에는 화려한 문양과 색상으로 장식된 창문이 많이 있어요. 이것을 스테인드글라스라고 하는데, 어두운 교회를 화려하게 비추어 신비스럽고 장엄하게 만들었지요.

프랑스의 샤르트르 성당

십자군 전쟁은 왜 일어났을까?

성지 예루살렘을 지키자

1000년대에 유럽 사회는 안정을 되찾고 활기가 넘쳤어요. 인구는 계속 늘어났고, 경제도 발전했어요. 이베리아 반도에서는 크리스트교도가 이슬람 세력을 몰아내기 시작했지요.

이 시기에 이슬람 세계를 차지하고 있던 셀주크 튀르크가 예루살렘을 차지하고 크리스트교도의 성지 순례를 막았어요. 그리고 비잔티움 제국의 영토인 소아시아까지 공격했어요. 위협을 느낀 비잔티움 제국의 황제는 로마 교황에게 도움을 요청했어요. 교황은 1095년에 클레르몽에서 종교 회의를 열어 유럽의 각 나라에 성지 예루살렘을 되찾자고 호소했어요. 교황은 이슬람의 승리는 크리스트교 세계의 불명예이며, 성전에 참여하는 사람들은 모두 천국에 가서 보상을 받을 것이라고 힘주어 말했어요. 또 동쪽 지방에는 금은보화가 널려 있다면서 부추겼어요.

 그러자 국왕을 비롯한 제후와 기사, 상인과 농민이 앞다투어 십자군을 결성하여 원정에 참가했어요. 십자군이란 원정에 참여한 사람들 대부분이 십자가 모양을 수놓은 옷을 입은 데서 나온 말이에요.

 십자군 전쟁은 1096년부터 1270년까지 8차례에 걸쳐 진행되었어요. 1096년 제1차 십자군은 "신께서 원하신다!"는 구호를 외치면서 예루살렘을 향해 떠났어요. 그들은 1099년에 예루살렘을 점령한 뒤 예루살렘 왕국을 세우고 돌아왔어요.

십자군 원정의 목적이 달라지다

제3차 십자군은 신성 로마 제국의 프리드리히 1세, 프랑스의 필리프 2세, 영국의 리처드 1세가 이끌었어요. 그러나 이들 사이에 다툼이 벌어져서 원정은 실패했어요.

그 뒤 교황 인노켄티우스 3세가 네 번째 십자군을 모았어요. 그러나 십자군은 성지로 가지 않고 대신 콘스탄티노폴리스를 점령한 뒤에 그곳에 라틴 제국을 세웠어요. 이러한 행동은 비잔티움 제국의 멸망을 재촉했답니다. 십자군 원정은 총 8차에 걸쳐 일어났는데, 그중 성지 탈환이라는 본래의 목적을 이룬 것은 제1차 원정뿐이었어요. 특히 1212년에 조직된 소년 십자군은 성지를 되찾으라는 신의 계시를 받았다는 한 양치기 소년에서 시작되었어요. 그러나 이 소년을 따르던 많은 어린이들은 지중해로 가던 중에 죽거나 대부분 노예로 팔려 갔어요.

200여 년에 걸친 유럽의 십자군 전쟁은 실패했어요. 성지도 회복하지 못했고, 유럽 세계가 넓어진 것도 아니었어요. 그러나 전쟁의 영향은 매우 컸지요. 사람들은 더 이상 교회와 교황을 절대적인 존재로 믿지 않게 되었어요. 또 전쟁에 참가했던 영주와 기사들은 영지를 돌보지 않은 탓에 수입이 줄었고 결국 서서히 몰락의 길을 걷게 되었어요. 상업이 발달하면서 필요한 물건을 스스로 만들어 쓰는 자급자족의 장원 중심 경제가 무너지면서 중세 유럽의 봉건 사회도 점차 붕괴되어 갔지요.

한편, 십자군 전쟁으로 발달된 이슬람 문화와 비잔티움 문화가 서유럽에 전해져 새로운 문화 형성의 움직임이 나타났지요.

이슬람교도는 십자군을 어떻게 바라봤을까요?

"우리는 믿지 않는다. 예수가 그대들에게 여자와 아이들을 죽이라고 계시했으리라고는. 우리는 믿는다. 알리도 예수도 그대들의 만행을 용서하지 않으리라는 것을. 십자군이여, 악마의 군대 십자군이여! ……"

1096년 예루살렘을 향해 떠난 십자군은 1099년 예루살렘을 차지한 후 잔인한 학살을 자행했어요. 십자군은 이슬람교도가 눈에 띄면 신전까지 쫓아 들어가 죽였고, 힘없는 주민들에게서 금, 은 등 귀금속을 빼앗는 데 열중했어요. 심지어 이슬람교도들이 금화를 빼앗기지 않으려고 삼켜버린다는 소문을 듣고, 시체의 배를 가르는 일까지 서슴지 않았다고 해요. 이러한 상황이 벌어졌는데, 이슬람 세력이 십자군 전쟁을 '성스러운 전쟁'이라고 인정할 수 있을까요? 이슬람교도에게 십자군은 '성지 수복을 위한 군대가 아니라, 싸움박질 잘하는 짐승'으로 보일 뿐이었어요. 십자군의 행동은 '인간을 사랑하는 그리스도'를 믿는다는 종교인의 행동이 아니었던 것이지요.

중세 유럽 사회가 무너지다

상공업이 발달하고 도시가 등장하다

1000년대부터 봉건 사회가 안정되면서 농업 생산력이 늘어났어요. 인구도 늘어나고 생산에 여유가 생기게 되자 시장이 서고 상인과 수공업자가 모여들면서 도시가 형성되었지요.

도시 거주민들은 처음에는 주변 농촌을 상대로 장사를 했어요. 그런데 십자군 전쟁을 계기로 변화가 나타났어요. 더 많은 돈을 벌기 위해 상인들이 십자군 원정에 많이 참여했지요. 십자군이 지나간 길에는 새로운 무역로가 생겼고, 동방과의 교류도 활발해졌어요. 원거리 무역이 발전하기 시작했어요.

지중해를 중심으로 이탈리아의 베네치아, 북쪽 독일의 함부르크를 중심으로 무역이 활발하게 이루어져 도시가 발전했어요. 특히 다뉴브 강 상류와 독일 남부의 라인 강 주변에도 많은 도시들이 성장했어요.

당시 도시는 성벽으로 둘러싸여 있었고, 도시에 사는 사람을 시민이라 불렀어요. 시민은 '성벽(Burg) 안에 사는 사람(Burger)'이라는 뜻에서 부르주아라고 불렀어요. 부르주아란 경제적으로 부유한 사람을 의미해요. 1100년대 무렵 대부분의 도시들은 영주의 지배에서 벗어나기를 원했어요. 도시의 경제력이 커지면서 영주에게 돈을 주고 자유를 사거나 싸워서 자치권을 얻어냈어요. 그 결과 도시는 정치적으로 자유롭게 되었어요.

도시들은 제각각 상업과 무역로를 지키기 위해 서로 동맹을 맺고 군사력도 갖추었어요. 독일 북부에서는 함부르크를 비롯한 100여 개의 도시가 참여한 한자 동맹이 만들어졌어요. 한자 동맹은 200년 동안 북유럽의 무역을 독점해 독립 국가 이상의 힘을 떨쳤지요.

한편, 상업과 도시가 발전하면서 화폐가 널리 사용되었어요. 그래서 농노들은 부역과 현물 대신 화폐로 영주에게 세금을 냈고, 영주들은 돈을 받고 농노들을 풀어 주기도 했어요.

중세 도시의 모습을 간직한 벨기에의 브뤼헤

아직도 중세 도시의 모습이 남아 있네? 대단하다!

흑사병이 유럽을 공포로 몰아넣다

1300년대 초반 발전하고 있던 유럽 사회에 큰 재앙이 밀려왔어요. 가뭄과 홍수로 농사는 제대로 되지 않아 흉년이 계속되었어요. 사람들은 굶주림과 전염병에 시달렸지요. 이 때문에 사회는 혼란에 빠졌어요. 여기에 '흑사병'이라는 끔찍한 전염병까지 퍼졌어요.

흑사병은 1300년대 중반부터 약 100년 동안 유럽을 덮친 무시무시한 재앙이었어요. 흑사병에 걸리면 겨드랑이 밑에 종기가 생기고, 팔다리에 검은 반점이 나타나며, 설사를 하다가 3일 이내에 죽었다고 해요. 약 100년 동안에 흑사병은 반복하여 유행했고, 이 때문에 많은 유럽 사람들이 죽었어요. 사람들은 공포에 떨었지요. 교회로 달려가서 신에게 구원을 청했지만 재앙은 사라지지 않았지요. 사람들은 더는 교회를 믿을 수가 없게 되었어요.

흑사병으로 많은 사람들이 죽자 노동력이 부족해졌어요. 토지는 남아돌았지만 농사를 지을 사람이 부족했어요. 그래서 노동 임금이 오르고, 농민들의 지위는 점차 높아졌지요. 농민들은 장원에 묶인 농노의 신분에서 점차 벗어나 독립적인 농민이 되었고, 도시로 떠나기도 했지요. 농노들이 떠난 장원은 하나 둘씩 사라져 갔고, 이로써 중세 서유럽 사회도 점점 무너져 갔어요.

흑사병의 확산

잔다르크, 백년 전쟁을 끝내다

영국과 프랑스가 100년 동안 싸우다

백년 전쟁이란 영국과 프랑스가 왕위 계승권을 둘러싸고 1337년부터 1453년까지 무려 백여 년 동안 벌인 전쟁이에요. 백년 전쟁이라고 부르지만 실제로 전투가 있었던 기간은 길지 않아요.

프랑스의 노르망디 지역을 다스렸던 노르망디 공 윌리엄 1세가 영국을 정복한 이후 윌리엄 1세의 후손인 영국 왕들은 프랑스에 남아 있는 영토와 왕위 계승권에 권리가 있다고 주장했지요.

그러나 프랑스 왕들은 영국이 차지하고 있던 영토를 되찾으려고 했어요. 이 때문에 두 나라의 대립은 계속되었고, 특히 두 나라는 모직물의 주요 산지인 플랑드르 지방을 서로 차지하려고 했어요.

백년 전쟁이 직접적으로 일어난 것은 영국의 에드워드 3세가 프랑스의 왕위 계승권을 주장했기 때문이었어요. 프랑스 왕 필리프 4세의 아들 샤를 4세가 후계자 없이 죽었는데, 당시 프랑스의 법은 이럴 경우 누가 왕위를 계승해야 하는지 구체적으로 정해 놓고 있지 않았어요. 그때 필리프 4세의 외손자였던 에드워드 3세는 자신에게 왕위 계승권이 있다고 주장했어요. 그러고는 노르망디에 군대를 상륙시켜 전쟁이 시작되었지요.

백년 전쟁의 싸움터는 모두 프랑스였어요. 1346년에 에드워드 3세는 크레시 전투에서 수적으로 우세한 프랑스 군대를 격파하고 다음 해에는 칼레를 무너뜨렸어요.

한편, 검은색 갑옷을 입고 전쟁터에 나와 '흑태자'라는 별명이 붙은 에드워드 3세의 장남은 프랑스 남부 지방을 돌아다니며 약탈과 방화를 일삼았어요. 그는 돌아오는 길에 푸아티에에서 프랑스 군대를 물리치고 국왕과 그의 아들을 비롯하여 많은 프랑스의 귀족들을 사로잡아 왔어요. 두 나라는 휴전 협정을 맺고 전쟁을 중단했어요. 하지만 그 뒤에도 두 나라는 여러 차례 전투를 벌였지요.

에드워드 3세

6장 중세 유럽 세계 175

잔 다르크가 프랑스를 구하다

1428년에 영국이 프랑스를 지배하려고 오를레앙을 포위했어요. 프랑스 군대는 거듭되는 패배에 사기가 땅에 떨어졌어요. 이때 프랑스를 구하라는 신의 계시를 받았다고 주장하는 잔 다르크가 나타났어요. 잔 다르크는 국왕을 만나 군대의 지휘권을 주면 오를레앙의 포위를 풀겠다고 했어요. 국왕은 잔 다르크에게 군대 지휘권을 넘겨주었어요.

한편, 영국군에게 포위된 오를레앙 지역의 사람들은 빵 한 조각도 입에 넣을 수 없어 굶주림과 피로에 쓰러지고 있었어요. 그때 신기한 소문이 입에서 입으로 전해졌지요. "하나님의 계시를 받은 소녀가 오를레앙을 구하러 온다." 라는 것이었어요.

드디어 잔 다르크가 백마 위에 앉아 한 손에 신의 깃발을 들고 오를레앙의 주민들 앞에 모습을 드러내자 프랑스 군대의 사기가 하늘을 찌를

듯이 높아졌어요. 잔 다르크는 기회를 놓치지 않고 영국군을 공격해 물리쳤어요.

국왕 즉위식을 치러야 했던 프랑스의 샤를 7세는 즉위식을 치르지 못하고 있었어요. 전통적으로 프랑스 왕의 대관식이 치러진 랭스가 영국의 지배를 받는 지역에 있기 때문이었어요. 오를레앙에서 승리한 잔 다르크는 샤를 7세를 랭스로 데려갔어요. 그리고 즉위식을 치렀어요.

그 뒤 잔 다르크는 수도 파리를 되찾고자 했으나 오히려 적에게 사로잡히고 말았어요. 영국군은 잔 다르크를 종교 재판에 세우고 마녀로 지목해 불에 태워 죽이라고 했어요.

잔 다르크의 활약과 죽음은 프랑스 사람들의 애국심을 드높여 주었어요. 용기를 얻은 프랑스 병사들은 영국군을 차례로 몰아냈고, 마침내 백년에 걸친 기나긴 싸움에서 승리했답니다.

마녀 사냥의 의미는?

중세 유럽에는 마녀 사냥이 있었어요. 마녀 사냥은 교회 재판을 통해 행해졌는데, 방법이 너무 잔인하고 독단적이었어요. 대부분 오해나 고자질로 잡힌 사람들이 심한 고문 끝에 화형당하였고, 그 뼈는 들판에 버려졌지요. 그럼 어떤 사람들이 마녀로 지목되었을까요? 대개 직업, 신체적 특이함, 혈통 또는 종교 등의 이유로 소외된 여자들이었어요. 중세 유럽 사람들은 마녀는 악마의 앞잡이며, 사람에게 해를 입힌다고 여겼어요. 그런데 마녀가 때로는 인간의 모습을 하고 인간들 틈에 숨어 있기 때문에 철저하게 마녀 사냥을 하지 않으면 안 된다고 생각했지요.

사진 출처

유로크레온, 이미지코리아, Dreamstime, Wikimedia commons(Chludov 9th century, Ricardo Liberato, José-Manuel Benito Álvarez, Benutzer:Plp at the Naturhistorisches Museum Wien, Kang Byeong Kee, Rosemaniakos from Bejing (hometown), Hardnfast, Trish Mayo from New York, US, M.Imran, Mamoon Mengal, Dr. Meierhofer, Wolfgang Sauber, Bernard Gagnon, World Imaging, شفرد, کاوناوی, Aryobarza, GerardM, Ggia, Richardfabi, Felix Andrews, Mr. Tickle, Zhang Lu, Symane, Severin.stalder, Guillaume Jacquet, Gary L. Todd, Ph.D., Professor of History, Sias International University, Xinzheng, China, Mountain, Praxinoa, TRAJAN 117, Pellegrini (User:Tetraktys), Stefan Schäfer, Lich, Euclid, Till Niermann, Wknight94, Fubar Obfusco, Paul Vlaar, Neep, Ali'i, Kim Traynor, Günter Trageser, China Crisis, Gryffindor, PlaneMad., jie, Aberlin, Hardouin, Alex Kwok, Per Honor et Gloria, Vassil, Gunawan Kartapranata, Jan-Pieter Nap, Bjørn Christian Tørrissen, Wiiii, 小川晴暘, 上野直昭, Dirk Beyer, Zhuwq, National Palace Museum in Taipei, 竹崎季長, Attributed to Liu Guandao(劉貫道), Sayf al-Vâhidî. Hérât. Afghanistan, Roel Wijnants, Bluemangoa2z, Jerzy Strzelecki, Toni Castillo Quero, Adiput, Zereshk, Pentocelo, robven, Francesco Gasparetti, Lokilech, Gryffindor, Cristoforo Buondelmonti, Simon Ledingham, Anonymous, William Bruges, PHGCOM, Godot13, Iamnotgeorge, Tango7174), Tomaz Sienicki, Micheal Greenhalgh, Steven G.Johnson, kowloonese, Matthiaskabel, fr:utilisateur:Mbenoist, Caria Tavares, PD, Eric Gaba, Jastrow, Andreas Wahra, Bibi saint-Pol, Adam Carr, Marie-Lan Nguyen.

- 이 책에 실린 사진은 저작권자의 허락을 받아 게재한 것입니다.
- 저작권자를 찾지 못해 게재 허락을 받지 못한 일부 사진은 저작권자가 확인되는 대로 게재 허락을 받고 통상 기준에 따라 사용료를 지불하겠습니다.

| 찾아보기 |

ㄱ

가나 문자 115
간다라 불상 47
갑골 문자 32, 37
게르만 족 148
고딕 양식 165
고타마 싯다르타 45
굽타 왕조 92
그라쿠스 형제 80

ㄴ

나라 시대 114
노르만 족 157

ㄷ

다리우스 1세 41, 42
다이묘 119
다이카 개신 113
당삼채 106
대승 불교 47
대운하 102
대월 108
델리 술탄국 98
도가 50

ㅁ

마우리아 왕조 46
만리장성 55
만민법 86
메디나 130
메소포타미아 18
메카 130
모스크 138
무함마드 131
묵가 50
미너렛 138
미라 24
밀라노 칙령 84

ㅂ

백년 전쟁 174
법가 50
보로부두르 사원 110
봉건 제도 158
봉신 159
봉토 159
부르주아 171
북위 102
분서갱유 54
브라만 28
비단길 57
비잔티움 제국(동로마 제국) 152

ㅅ

삼국 시대 100
상좌부 불교 47
셀주크 튀르크 143
소크라테스 71
쇼군 117
수니파 137
스테인드글라스 165
슬라브 족 157
시아파 135, 137
시황제 52
12표법 86
십자군 전쟁 143, 166
쐐기 문자 19, 36

ㅇ

아고라 64
아라베스크 무늬 140
아라비안나이트 140
아리스토텔레스 71
아바스 왕조 136
아소카 왕 46
아크로폴리스 64
알렉산드로스 74
앙코르 와트 109, 111
야마토 정권 112
양귀비 107
오스트랄로피테쿠스 14
5호 16국 시대 101
옥타비아누스 81
왕의 길 42
우마이야 왕조 135
위·진·남북조 시대 102

유가 50
유스티니아누스 법전 86
유스티니아누스 황제 152

ㅈ

잔 다르크 176
전국 시대 48
정통 칼리프 시대 134
제자백가 50
지구라트 19, 20
쩐 왕조 108

ㅊ

채륜 58, 61
춘추 시대 48
측천무후 105
칭기즈 칸 124

ㅋ

카노사의 굴욕 162
카니슈카 왕 46
카롤루스 150
카스트 28
카이사르 81
칼리프(칼리파) 134
콘스탄티누스 황제 84
콜로세움 83, 87
쿠란(꾸란) 132
쿠샨 왕조 46
크레타 문명 34

ㅍ

파라오 24
파르테논 신전 72
파피루스 25
포에니 전쟁 79
폴리스 64, 66
프랑크 왕국 150
플라톤 71
피라미드 24, 25

ㅎ

한자 동맹 171
헤이안 시대 115
헤지라 132
호메로스 72
흑사병 172
힌두교 93